改革开放与
中国民生发展

（1978~2018）

LIVELIHOOD OF PEOPLE
IN CHINA
1978-2018

陈光金 等 著

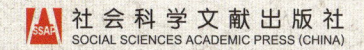

社会科学文献出版社
SOCIAL SCIENCES ACADEMIC PRESS (CHINA)

改革开放与中国民生发展
（1978~2018）

中国社会科学院课题组

组　长：陈光金　中国社会科学院社会学研究所研究员
　　　　赵　芮　中国社会科学院世界经济与政治研究所研究员

成　员：王春光　中国社会科学院社会学研究所研究员
　　　　李　炜　中国社会科学院社会学研究所研究员
　　　　朱恒鹏　中国社会科学院经济研究所研究员
　　　　陈　甦　中国社会科学院法学研究所研究员
　　　　夏杰长　中国社会科学院财经战略研究院研究员
　　　　田　侃　中国社会科学院科研局研究员
　　　　刁鹏飞　中国社会科学院社会学研究所副研究员

目 录
CONTENTS

一　中国社会民生事业发展概述　　001

二　劳动就业从统包统配向市场导向转型　　006

　（一）劳动就业制度从统包统配转变为市场导向　　006

　（二）劳动就业不断增长，就业结构从农业就业为主转向非农就业为主　　008

　（三）劳动就业市场化机制日趋完善，就业服务体系逐步健全　　016

　（四）初步建成完善的劳动力市场法律体系　　018

三　城乡居民收入增长迈向全面小康水平　　020

　（一）全国居民人均可支配收入增长 22.8 倍　　020

　（二）收入结构不断调整，收入分配格局逐步改善　　023

　（三）扶贫开发成就举世瞩目，7 亿多农村人口摆脱贫困　　028

四　城乡居民消费实现从生存型到发展型的跃升　　032

　（一）城乡居民生活消费支出逐年增长，结构不断调整升级　　032

　（二）恩格尔系数明显下降，城乡居民生活总体进入全面小康阶段　　036

　（三）衣着实现成衣化和时尚化，服饰质量显著提高　　038

（四）耐用消费品不断升级换代，生活出行现代化水平显著提高　　038
　　（五）居住条件显著改善，住房质量不断提升　　040
　　（六）旅游成为城乡居民日常生活元素，见证着人民生活品质的提升　　041

五　教育事业创造发展中国家办大教育的奇迹　　043
　　（一）全面实施了免费义务教育　　044
　　（二）各级各类教育实现跨越式发展　　044
　　（三）大力推进素质教育　　046
　　（四）不断推进教育公平　　047

六　医疗卫生事业现代化水平稳步提高　　051
　　（一）中国医疗卫生体制改革不断深化　　051
　　（二）中国城乡医疗卫生体系日益完善　　053
　　（三）城乡医疗卫生设施建设长足进步，卫生从业人员队伍不断成长　　055
　　（四）医疗卫生公共服务供给更加充分，医疗卫生保障更加完善　　058
　　（五）城乡居民医疗负担持续下降，人民健康状况不断改善　　060

七　社会保障和救助体系迈向城乡统筹的根本性转变　　061
　　（一）中国社会保障和救助体制改革历程与成效　　062

（二）	社会保障和救助覆盖范围持续扩大，逐步实现应保尽保	**064**
（三）	社会保障和救助的财政投入不断增加，待遇水平稳步提高	**066**

八　交通通信事业实现跨越式发展　　**068**

（一）	综合交通运输网络连上台阶，立体交通出行网络已经形成	**068**
（二）	交通运输服务能力显著提升，城乡居民出行方式跨越式发展	**070**
（三）	通信业跨越式发展，居民通信生活质量跃居世界前列	**072**

九　城乡社区生活设施和生活环境日益完善美好　　**076**

（一）	城镇居民生活设施建设成就显著，生活环境不断改善	**076**
（二）	政府主导的城镇棚户区改造全面推进	**079**
（三）	农村建设成效显著，乡村面貌和环境焕然一新	**081**
（四）	城乡公共文化事业不断进步，居民公共生活空间不断拓展	**084**

十　生态文明建设扎实推进　　**086**

（一）	中国生态文明建设制度和政策发展	**086**

（二）环境保护投入稳步增加　　　　　　　　　　089

（三）生态保护与生态建设扎实推进　　　　　　　090

（四）环境污染治理成效显著　　　　　　　　　　091

结　语　　　　　　　　　　　　　　　　　　　095

致　谢　　　　　　　　　　　　　　　　　　　098

一
中国社会民生事业发展概述

改革开放四十年来，在中国共产党的坚强和正确领导下，中国经济社会发展取得了举世瞩目的伟大成就。国民经济总量跃居世界第二，经济结构日趋合理，产业结构不断升级，中国特色社会主义市场经济体系逐步成长。伴随着国民经济的长期较快发展，社会民生领域的发展日新月异。

广义来说，一个国家的政治、经济、文化、社会和生态文明的发展，都与其民生发展息息相关。狭义而言，正如习近平总书记在党的十九大报告中论述的那样，民生事业主要由劳动就业、收入分配、教育、社会保障、医疗卫生和健康、扶贫脱困等领域组成。十九大报告指出："坚持在发展中保障和改善民生。增进民生福祉是发展的根本目的。必须多谋民生之利、多解民生之忧，在发展中补齐民生短板、促进社会公平正义，在幼有所育、学有所教、劳有所得、病有所医、老有所养、住有所居、弱有所扶上不断取得新进展，深入开展脱贫攻坚，保证全体人民在共建共享发展中有更多获得感，不断促进人的全面发展、全体人民共同富裕。"十九大报告还要求，"保障和改善民生要抓住人民最关心最直接最现实的利益问题，既尽力而为，又量力而行，一件事情接着一件事情办，一年接着一年干。坚持人人尽责、人人享有，坚守底线、突出重点、完善制度、引导预期，完善公共服务体系，保障群众基本生活，不断满足人民日益增长的美好生活需要，不断促进社会公平正义，形成有效的社会治理、良好的社会秩序，使人民的获得感、幸福感、安全感更加充实、更有保障、更可持续"。

当然，在现实的社会生活中，交通通信发展、城乡公共服务基础设施建设、城乡社区生活环境改善以及生态环境状况，也都时时刻刻影响着人民生活状况的改善和生活质量的提高，我们在考察中国社会民生改善和民生事业发展时，同样应当看到这些领域的发展。

改革开放四十年来，无论是各种宏观的统计数据，无论是我们每一个人的亲身经历，也无论是我们每天耳闻目睹的各种鲜活的社会事实，都在确凿无疑地表明，中国社会民生事业的发展成就卓著，人民生活水平迅速提升，生活质量显著改善。

劳动就业体制改革不断推进，统一的劳动力市场逐步形成。劳动就业总量规模不断扩大，就业质量不断提高，就业结构现代化水平不断提升，职业结构日趋高级化，和谐劳动关系建设成就显著。

国家收入分配制度改革和发展成就显著，收入分配体系在效率与公平之间的合理平衡格局逐步形成。城乡居民人均可支配收入逐年增长，总体上迈入中等收入国家行列，四十年按可比价格计算的年平均增长率超过7%，贫困人口发生率逐年显著下降，国家反贫困事业取得世界上最显著的成就和成功经验。

居民消费水平随着收入水平的上升而上升，消费结构不断改善，消费质量不断提高，逐步从生存型消费转变为发展型消费，总体上从温饱阶段迈步进入全面小康阶段，一些发展较快的地区跨入宽裕阶段。

城乡居民住房状况显著改善，住房质量逐年提高，人均住房面积不断扩大，住房结构更加合理。农村改水改厕快速推进，城乡居民家庭卫生设施日益完善，成为中国城乡居民生活质量提升的一个具有划时代意义的标志。

国民经济的长期较快增长，为中国社会事业的发展提供了坚实的物质基础。四十年来，中国教育体制改革不断深化，各级各类教育事业全面进步，现代教育体系不断完善，教育质量不断提高，城乡居民受教育水平显著提升。义务教育全面普及，高中阶段教育普及率显著提高，高等教育体系更加完善，各级各类职业教育蓬勃发展。教育事业的发展不断提高城乡居民文化素质和市场竞争能力，是中国民生事业发展的重要支撑。

国家医疗卫生体制改革不断深入，现代国民医疗卫生服务体系建设日趋完善，城乡医疗卫生服务供给水平和质量逐年提升。居民个人医疗卫生支出占比逐年下降，城乡居民个人医疗卫生负担不断减轻。国民健康状况显著改善，初生婴儿死亡率、孕产妇死亡率逐年下降，人口死亡率长期稳定在较低水平，人均预期寿命逐年增加。

国家社会保障和社会救济体制改革朝着建设现代社会保障和社会经济体制的目标稳步迈进，城乡居民社会保障体系逐步完善。社会保障的制度建设实现全覆盖，社会保障的人口覆盖面不断扩大，社会保障支付水平逐年稳定提高，社会保障在保障民生和促进社会公平方面的能力和水平显著增强。现代社会救济体系不断完善，救济水平随着国民经济社会的发展而不断提升，城乡居民最低生活保障体系逐步实现应保尽保，为城镇低收入人口和乡村贫困人口的生活提供了有效的托底保障。

国家交通事业发展迅速，显著提高了城乡居民出行质量和现代化水平。全国高速公路建设成就举世瞩目，遍布全国的高速公路网基本建成。铁路建设尤其是高速铁路建设事业不断推进，目前已经走在世界前列。城市地面交通体系日益完善，地下交通体系快速发展。城乡之间的公共交通体系逐步完善，总体实现村村通的目标。民用航空事业发展迅速，全国所有一、二线城市以及多数三线城市都开通了航线。全国已经形成地下、地面和空中全方位的立体化交通通行网络格局，极大地方便了城乡居民的出行。随着居民生活水平的提高和国家交通条件的不断改善，小汽车在全国城乡的普及率逐年提高，中国正在从"自行车王国"时代迈向"汽车"时代。

国家通信事业取得极大进步，现代通信设施显著完善，通信工具日益现代化，城乡居民的现代化通信需要得到满足的程度不断提升。全国城乡居民家庭家用电脑极大普及，以手机等为主要载体的移动通信终端取得奇迹般的发展，数字化现代通信体系全面建成，网络的发展稳居世界前列。中国现代通信事业的巨大发展，不仅显著改善了城乡居民通信状况，而且为把中国建设成学习型社会提供了坚实的现代化条件和基础。

城乡居民生活基础设施不断完善，生活环境日趋良好。城镇居民社区生活设施建设和社区环境建设不断进步，新建小区设施完善，环境优美；老旧小区改造成果显著，旧貌换新颜。由公园、图书馆、展览馆、文化馆、体育馆等组成的城镇公共文化体育设施体系建设成就显著，城镇居民的公共生活空间日益完备，公共生活质量日益提高。新农村建设战略和乡村振兴战略的实施，显著改善了农村的村风村貌，系统的社区道路硬化、生活垃圾处理为农村居民提供了日益改善的生活环境。村级图书馆、阅览室、卫生室等公共文化卫生设施建设基本普及，比较完备的农村社区公共生活空间初步建成。

生态文明建设深入开展，生态环境状况不断改善。全国土壤、水体和空气质量，曾经因为片面追求高速经济增长而受到忽视。近年来，国家不断加大环境治理和生态保护力度，青山绿水的盛世景观不断恢复重现，为中国城乡居民生活质量的不断改善提供了良好的生态环境条件。

中国社会民生发展成就的一个最重要的表征,就是全国人口的平均预期寿命在改革开放四十年中有了显著的提高。据统计,从1981年到2015年,中国男性平均预期寿命从66.28岁提高到73.64岁,增加约7.4岁;女性平均预期寿命从69.27岁提高到79.43岁,增加约10.2岁;合计平均预期寿命从67.77岁提高到76.34岁,增加约8.6岁(见图1.1)。

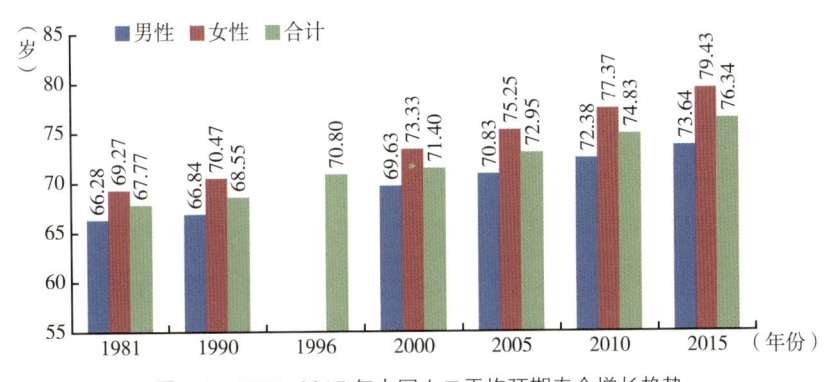

图1.1 1981~2015年中国人口平均预期寿命增长趋势

资料来源:《中国统计年鉴2018》。

二

劳动就业从统包统配向市场导向转型

就业为民生之本。改革开放四十年来特别是党的十八大以来，中国就业工作取得历史性成就、发生历史性变革，实现了劳动就业制度由"统包统配"向市场化导向转变，就业总量持续增长，就业结构不断优化，就业政策与就业服务体系日趋丰富完善，长期实施就业优先战略，不断出台就业促进创新举措，为不断增加劳动就业、调整就业结构、提高就业质量提供了制度和政策保障，走出了一条中国特色就业发展道路，积累了宝贵经验。

（一）劳动就业制度从统包统配转变为市场导向

随着改革不断深入，中国计划经济时代"统包统配"的就业制度实现根本转变。一方面，中国政府的就业方针不断与时俱进。从20世纪80年代初的劳动部门介绍就业、自愿组织起来就业和自谋职业相结合的"三结合"就业方针，到20世纪90年代"劳动者自主择业、市场调节就业、政府促进就业"的就业方针，再到党的十八大以来"劳动者自主就业、市场调节就业、政府促进就业和鼓励创业"的新时代就业方针，市场导向的就业机制逐步建立并不断完善。另一方面，国家稳步推进劳动就业法治化建设。1983年开始劳动合同制试点，1986年实行劳动制度四项改革，1995年实施《中华人民共和国劳动法》(以下简称《劳动法》)，2008年实施《中华人民共和国就业促进法》(以下简称《就业促进法》)、《中华人民共和国劳动合同法》(以下简称《劳动合同法》)，促进就业和劳动关系调整的法律体系逐步完善。

就业政策和服务体系日益丰富发展。首先，中国从2002年开始确立积极就业政策体系的基本框架，到2005年积极就业政策进一步延续扩展，再到2008年为应对国际金融危机而形成更加积极的就业政策，演进到党的十八大以来更加突出创业和就业紧密结合、支持发展新就业形态、拓展就业新空间，积极就业政策迭代升级。其次，从早期开办劳务市场和人才市场，到劳动力市场、人才市场向人力资源市场整合发展，中国逐步建立起覆盖省、市、县、街道（乡镇）、社区（村）的五级公共就业服务网络，确立了免费提供政策咨询、信息发布、职业指导、职业介绍、创业服务等的基本公共就业服务制度，覆盖城乡的公共就业服务体系基本形成。再次，面向全体劳动者的职业培训制度不断发展，职业培训规模不断扩大，劳动者就业能力普遍提高。

改革开放四十年来，党中央、国务院想方设法先后解决了回城知青失业问题、下岗职工和企业离退休人员生活保障问题，确保经济结构战略性调整顺利推进。进入21世纪，党中央、国务院确立就业是民生之本、制定积极就业政策，成功应对国际金融危机的冲击，使几千万农民工和大学生实现稳定就业。党的十八大以来，面对错综复杂的国内外形势，以习近平同志为核心的党中央坚持把就业作为最大的民生，从全局高度把就业摆在突出位置。各地区、各部门深入推进就业工作，使老百姓的收入越来越高、生活越来越好，人民群众的获得感、幸福感、安全感不断增强。

（二）劳动就业不断增长，就业结构从农业就业为主转向非农就业为主

改革开放以来，党和政府始终把就业工作摆在优先位置，想方设法满足劳动者的就业需求，提升了就业总量，保持了就业形势的长期稳定。

1. 就业总人数四十年增加 3.75 亿人

1978 年，中国城乡就业人员共计 40152 万人，其中城镇就业人口 9514 万人。改革开放四十年间，经济发展与扩大就业有效联动，就业规模不断扩大。2017 年年末，就业人员总量达到 77640 万人，比 1978 年增加 37488 万人，增长了 93%，平均每年增加 961 万人；城镇就业人员总量达到 42462 万人，比 1978 年增加 32948 万人，增长了 346%，平均每年增加 845 万人（见图 2.1）。就业总量的增长为中国经济的快速增长和民生的发展提供了保障。

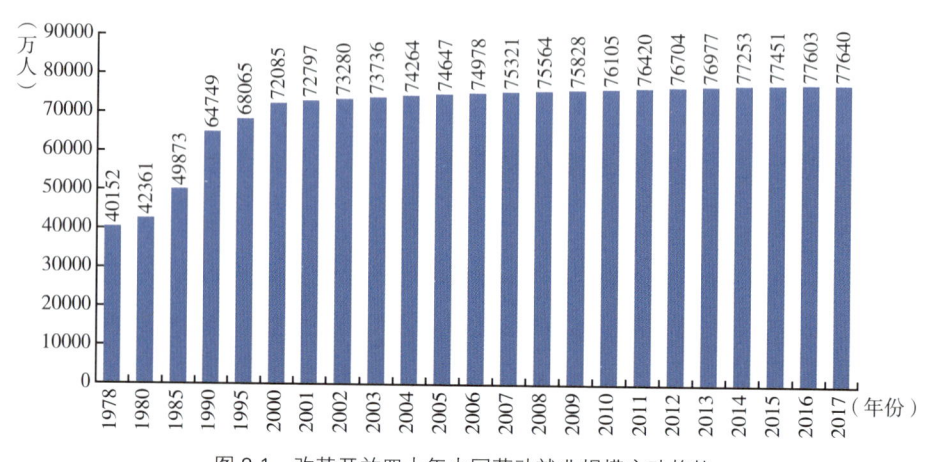

图 2.1 改革开放四十年中国劳动就业规模变动趋势
资料来源：《中国统计年鉴 2018》。

2. 计划体制积累的就业矛盾逐步化解

改革开放不仅促进了就业总量持续增长,也有效化解了计划体制下积累的深层次就业矛盾。20世纪70年代末下乡知青集中返城,中国城镇就业问题一度十分突出。1979年,城镇累计待业人员达到1500万人,仅在劳动部门登记的城镇失业人员就有568万人,城镇登记失业率达到5.4%。[①]1980年,党中央提出了"三结合"就业方针,采取劳动部门介绍就业、劳动者自愿组织起来就业和自谋职业相结合的一系列政策措施,仅用三年时间就迅速解决了此前十年间积累的就业矛盾,基本解决了当时存在的城镇失业问题。

20世纪90年代末,多年计划经济体制下形成的中国国有企业冗员问题日益突出,造成国有企业普遍经营困难,减员增效成为国有企业解困的普遍选择。1998~2002年,国企下岗职工累计为2023万人,再加上1998年以前累积的下岗人员,国有企业下岗人员总量达到2715万人。国家在保障下岗职工基本生活的同时,制定并实施了税费减免、小额担保贷款、培训补贴、就业服务等一系列政策,促进下岗失业人员再就业。1998~2005年,全国共有1975万国有企业下岗人员实现了再就业。到2005年年底,国有企业下岗人员存量已由最高峰的650多万人下降到61万人,国有企业职工集中下岗对中国城镇就业造成的冲击基本消除。

3. 失业率长期保持较低水平

改革开放四十年间,除20世纪70年代末上山下乡知识青年集中返城和90年代末国有企业职工集中下岗之外,绝大部分时期失业水平都较低。从20世纪80年代中期到20世纪末,城镇登记失业率一直保持在3.1%以下,部分时期一度处于2.0%左右的低水平。进入21

[①] 正文中数据除特别标注外,均来自国家统计局发布的改革开放40年经济社会发展成就系列报告。

世纪以来，城镇登记失业率基本维持在 4.3%~4.0% 的较低水平，2017 年降至 3.9%，是时隔 15 年后再次降到 4.0% 以下。

登记失业率可能因为一部分失业人员未进行登记而被低估，而调查失业率则能够更加真实地反映调查时点的劳动力失业状况。国家统计部门从 2011 年起开始通过调查来了解失业状况。据调查，2016 年 1 月份中国城镇调查失业率为 4.99%，略高于同期登记失业率水平（4.05%），此后大体维持在这一水平。国际劳工组织的最新数据显示，世界上发达国家和地区的平均失业率为 6.6%，发展中国家和地区的平均失业率为 5.5%，全球平均失业率为 5.7%。可见，即使从城镇调查失业率来看，当前中国城镇地区的失业率也低于全球平均水平和发展中国家的平均水平，更低于发达国家和地区的平均水平。

党的十八大以来，党中央坚持实施就业优先战略和积极的就业政策，大力推动创业带动就业，在经济增长由高速转向中高速的宏观背景下，就业形势呈现总体平稳、稳中向好的态势。2013~2017 年，全国城乡就业总量年均增加 187 万人，城镇就业人员年均增加 1072 万人；城镇登记失业率稳定在 4.0% 左右，城镇调查失业率稳定在 5.0% 左右的较低水平；劳动力市场运行平稳，人力资源和社会保障部主持进行的全国主要城市劳动力市场监测结果显示，劳动力需求与劳动力供给之比（又叫求人倍率）持续保持在 1.0 以上。

4. 农民工成为工人阶级重要组成部分

随着 20 世纪 70 年代末农村家庭联产承包责任制的推行以及逐步开放农村劳动力从事非农就业的政策的实施，中国农村劳动力越来越多地从农业产业转移出来，从事工业、交通运输、采掘、建筑以及商业服务业等非农产业工作和经营活动。这一部分转移出来的农业剩余劳动力，被称为"农民工"，包括在本地务工经商以及外出务工经商的农民工在内。随着改革开放的不断深入和经济社会的持续快速发展，中国农民工队伍规模日益扩大。从 2008 年起，国家统计部门开始对全国农民工情况进行调查监测，并根据调查监测结果对全国农民工总人数进行统计估算，发布年度《农民工监测调查报告》。根据该项监测调查报告，2008 年全国农民工总量已经达到 22542 万人的庞大规模，到 2017 年更是增加到 28652 万人（见图 2.2）。"农民工"的出现以及农民工队伍的不断扩大，一方面为中国经济社会发展做出巨大贡献，他们成长为中国工人阶级的重要组成部分，极大地壮大了工人阶级队伍；另一方面也大大增加了广大农村居民家庭的收入。2017 年，在农村居民家庭人均可支配收入中，工资性收入占 40.6%，高于家庭人均经营性收入所占比重（38.3%），成为农村居民家庭收入的第一大来源。

图 2.2 中国农民工人数的增长趋势

资料来源：国家统计局历年《农民工监测调查报告》。

5. 劳动就业结构优化升级

伴随着经济的转型升级和劳动力市场的逐步完善，中国就业人员的城乡、产业和所有制结构都持续优化，就业人员的素质也不断提升。

（1）城镇就业比重达到 50% 以上。1978 年，全国城镇就业人员占全国就业总人数的 23.7%，农村就业人员占 76.3%。农村就业又主要集中在农牧渔业部门，极大地影响了农业劳动生产率的提高，从而严重制约了农村居民家庭收入的增长。改革开放释放了劳动力市场的活力,大量的乡村人口转移到城镇就业,带动城镇就业比重不断上升,推动了城乡经济社会的发展。到 2014 年,城镇就业比重首次超过乡村,达到 50.9%。2017 年,中国城镇就业占比进一步提高到 54.7%,相比 1978 年增加了 31 个百分点。

(2)非农就业比重不断提高。在三次产业的就业中,第一产业就业比重逐年下降,第三产业就业比重不断提高,是中国劳动就业的产业分布结构变化的总体趋势,其中最突出的特征就是服务业成为第一大就业产业(见图 2.3)。

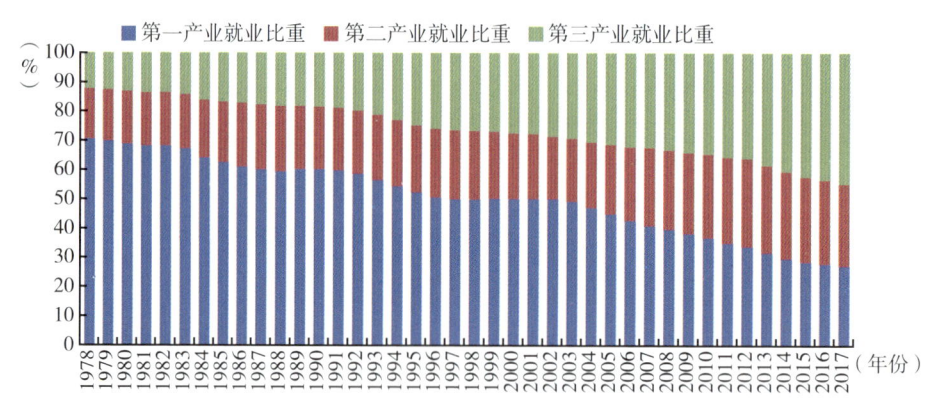

图 2.3 中国劳动就业的产业结构变动趋势

资料来源:《中国统计年鉴 2018》。

具体来说,1978 年,中国第一、二、三产业就业人数分别为 28318 万人、6945 万人、4890 万人,占比分别为 70.5%、17.3% 和 12.2%,农业是劳动者就业的主要部门。随着经济结构调整优化,就业人员从第一产业大量转移到第二、三产业,产业就业结构不断优化升级。第三产业在 1994 年和 2011 年分别超过第二产业和第一产业,成为吸纳就业人数最多的行业;2014 年,第二产业超过第一产业,农业成为就业比重最小的产业。

2017年，中国第一、二、三产就业人数分别为20944万人、21824万人和34872万人，分产业就业比重分别为27.0%、28.1%和44.9%。与1978年相比，第一产业占比减少了43.5个百分点，平均每年减少1.12个百分点，第二、三产业分别增加了10.8个、32.7个百分点，平均每年分别增加0.28个、0.84个百分点。三大产业就业结构的高低排序从"一、二、三"的发展型模式提升到了"三、二、一"的现代模式，就业结构更加合理。

6. 劳动就业质量改善提高

改革开放以来，随着就业总量持续增加和就业结构不断优化，就业质量受到更多的重视。2011年，根据《中华人民共和国国民经济和社会发展第十二个五年规划纲要》和《中华人民共和国就业促进法》制定的《促进就业规划（2011—2015年）》正式提出要不断提升中国劳动就业质量，党的十八大和十九大继续反复重申，要推动高质量就业。近年来，国家采取了一系列政策措施，持续促进中国就业质量显著提升。

（1）工资收入快速增长。1978年，城镇单位就业人员年均工资为615元，2017年增长到74318元，扣除物价因素，实际总增长17.7倍，年均实际增长7.72%。其中，城镇国有单位就业人员平均工资从1978年的644元增长到2017年的81144元，扣除物价因素，实际总增长17.5倍，年均实际增长7.86%；城镇集体单位就业人员平均工资从1978年的506元增长到2017年的55243元，扣除物价因素，实际总增长15.82倍，年均实际增长7.42%；城镇其他单位就业人员平均工资从1984年的1048元增长到2017年的71304元，扣除物价因素，实际总增长11.6倍，年均实际增长7.79%（见表2.1）。为了更好地保障城乡低收入劳动者的权益，从2004年3月起，中国开始实施《最低工资规定》。2004年各地最低工资标准各档次平均值为386元，到

2017年，各地标准中最低的也达到了1000元，最高的达到了2300元（上海），涨幅明显。

（2）就业稳定性逐步增强。改革开放前，一次分配定终身的"固定工"制度牺牲了企业效率和劳动者择业自由。改革开放破除"固定工"限制，打破"铁饭碗"，撤除"铁交椅"，实行劳动合同制度，扩大了用人单位用工自主权和劳动者的职业选择权，促进了劳动力的流动，激发了劳动力市场的活力。为了更好地增强劳动就业的稳定性，减少用工单位随意解聘就业人员的现象，国家采取各种措施，不断提高劳动合同的签订率，从2015年起，企业就业人员的劳动合同签订率持续稳定在90%以上。另外，作为维护职工权益的一项重要措施，2004年1月，劳动和社会保障部出台《集体合同规定》，规范和推进规范集体协商和签订集体合同行为。据统计，截至2017年年末，全国报送人力资源和社会保障部门审查并在有效期内的集体合同累计为183万份，覆盖职工1.6亿人。

表2.1 中国城镇不同所有制单位职工平均工资水平与增长（元）

年份	国有单位	集体单位	合作单位	联营单位	有限责任公司	股份有限公司	其他内资单位	港澳台商投资企业	外商投资企业
2000	9441	6241	7479	10608	9750	11105	9888	12210	156929
2001	11045	6851	8446	11882	11024	12333	11888	12959	17553
2002	12701	7636	9498	12438	11994	13815	10444	14197	19409
2003	14358	8627	10558	13556	13358	15738	10670	15155	21016
2004	16445	9723	11710	15218	15103	18136	10211	16237	22250
2005	18978	11176	13808	17476	17010	20272	11230	17833	23625
2006	21706	12866	15190	19883	19366	24383	13262	19678	26552
2007	26100	15444	17613	23746	22343	28587	16280	22593	29594
2008	30287	18103	21497	27576	26198	34026	19591	26083	34250

续表

年份	国有单位	集体单位	合作单位	联营单位	有限责任公司	股份有限公司	其他内资单位	港澳台商投资企业	外商投资企业
2009	34130	20607	25020	29474	28692	38417	21633	28090	37101
2010	38359	24010	30271	33939	32799	44118	25253	31983	41739
2011	43483	28791	36740	36142	37611	49978	29961	38341	48869
2012	48357	33784	43433	42083	41860	56254	34694	44103	55888
2013	52657	38905	48657	43973	46718	61145	38306	49961	63171
2014	57296	42742	54806	49078	50942	67421	42224	55935	69826
2015	65296	46607	60369	50733	54481	72644	46945	62017	76302
2016	72538	50527	65962	53455	58490	78285	49759	67506	82902

资料来源：《中国统计年鉴2017》。

（3）企业用工进一步规范。改革开放初期，工作时间长并不是就业领域的主要问题。随着市场经济的发展，一些企业为了提高利润开始延长工作时间，增加了劳动者的工作负担。国家先后针对工时制度、加班费用等出台了一系列法律法规，规范企业用工方式，超时用工现象得到缓解。据初步测算，2017年城镇各类企业就业人员中周平均工作时间在40小时及以下的比例为52.0%，比2012年上升了4.0个百分点；超过40小时的比例由2012年的52.0%下降至48.0%，下降了4.0个百分点。超时工作的减少有效减轻了企业职工的工作强度。

（4）在世界上人口最多的国家建立起了比较健全的劳动保障制度。改革开放前期，劳动力市场建设刚刚起步，农村缺少劳动保障制度，城镇职工的养老、医疗等保障由所在单位负责，各单位保障能力不一，总体保障水平有限。随着有关劳动者的各项保险制度逐步建立和完善，覆盖人群不断扩大，保障能力不断增强。2017年，全国参加基本养老保险人数由1989年的5710万人增加到91548万人；参加基本医疗保险的人数由 1993 年的 290 万人增加到 117681 万人；参加失业保险的人数由 1992 年的 7443 万人增加到 18784 万人；参加工伤保险的人数由 1993 年的 1104 万人增加到 22724 万人；参加生育保险的人数由 1993 年的 557 万人增加到 19300 万人。

（三）劳动就业市场化机制日趋完善，就业服务体系逐步健全

改革开放四十年来，随着社会主义市场经济体制的建立和完善，中国就业管理体制发生了翻天覆地的变化，完成了从以国家"统包统配"为主的计划体制向以用人单位和求职者双向选择为主的市场化机制的转变。

经过改革开放四十年来的发展，中国的劳动力市场逐步建立和完善。随着对"统包统配"就业制度和企业"固定工"制度的改革，逐步确立了用人单位和劳动者在劳动力市场中的主体地位。用人单位作为需求方，可以在相关法律法规的规范下，根据自身发展经营的需要，随时招收自己需要的人才或者辞退不适用的劳动者；劳动者作为供给方，可以自主决定从事什么样的工作和在哪里工作。用人单位和劳动者在统一、公开、平等、规范条件下，通过市场进行双向选择，劳动力市场的决定性作用不断加强。

1. 就业渠道多元化

改革开放初期，中国实行的是统包统配、城乡分割的劳动就业制度。随着市场经济的发展，越来越多的人选择私营企业、股份制企业、外资企业或从事个体经营实现就业，国有单位不再是就业的唯一选择，劳动者可以在各种就业单位类型中进行选择；城乡身份不再是就业选择的障碍，大量农村劳动力进城就业，农民有了脱离农业和农村的新选择，进入了更广阔的就业领域，劳动力可以在城乡自由

流动。

2. 就业形式多样化

传统的就业是以工作单位为核心的劳动雇佣关系。随着时代的进步和劳动力市场的发展，许多新就业形式以工作任务为导向，不再有硬性的时间、地点的限制。兼职就业、自由职业、网络平台就业等不断出现，适应了企业灵活用工和劳动者灵活就业的需要，提高了劳动力资源的配置效率，为劳动者提供了平衡工作和生活的新选择。

3. 就业观念市场化

劳动者不再抱持着国家统一分配、一次就业定终身的就业理念，通过劳动力市场进行双向选择已经成为最主要的择业方式。根据自身发展的需要，劳动者愿意在各类用人单位之间流动，打破了城乡、地区、行业、所有制的界限。目前，中国劳动力的流动逐步演变为城镇与乡村、东部地区与中西部地区、大城市与中小城市、公有制和非公有制之间的双向流动，这种变化表明通过市场就业的观念逐步深入人心。

4. 公共就业服务体系逐步形成

1980年，随着国家实施"三结合"的就业方针，以劳动服务公司为集中体现的就业服务机构开始出现，并且逐渐向乡镇延伸，到80年代末，劳动服务公司已遍布全国。90年代劳动力市场不断发展，国家建立的就业服务机构的服务内容越来越完善，同时各类社会和个人依法成立的各类职业介绍机构也发展迅速。《就业促进法》的出台，在法律层面上对政府发展公共就业服务做出规定，标志着中国公共就业服务制度框架基本设立。党的十八大以来，积极扶持创业带动就业，使用大数据等新技术，建立就业和社会保障数据库，利用大平台进行网络管理，实时监测劳动力状况，中国特色的就业服务管理体系不断丰富完善。2017年年底，全行业共有人力资源服务机构3.02万家，

2017年共为3190万家次用人单位提供了人力资源服务，帮助2.03亿劳动者实现了求职择业和流动服务。目前，各级公共就业服务机构每年办理劳动者求职登记5000多万人次，提供职业指导2000多万人次，享受政府补贴性培训的劳动者达1750万人次。

（四）初步建成完善的劳动力市场法律体系

1993年，党的十四届三中全会明确提出要建立社会主义市场经济体制，培育和发展劳动力市场。以此为标志，劳动力被正式承认为是一种生产要素，中国的就业管理体制改革开始从旧体制改造进入新制度建设阶段。此后，国家先后制定并实施了《劳动法》《就业促进法》《劳动合同法》等一系列相关配套法律法规。

1995年实施的《劳动法》，明确了劳动关系各主体的法律地位，以法律的形式规定各类企业实行全员劳动合同制，保障了企业自主用工、个人自主择业的权利，为劳动力市场的建设奠定了坚实的法律基础。2008年颁布实施的《就业促进法》，明确了就业工作在经济社会发展中的突出地位，强化了政府促进就业的责任，完善了市场导向的就业机制，为积极就业政策的长期实施提供了法律保障。同年颁布实施的《劳动合同法》，完善了劳动合同制度，明确了劳动合同双方当事人的权利和义务，有利于减少劳动争议，提高劳动者就业质量，构建并发展和谐稳定的劳动关系。

总的来说，国家不断完善相关法律法规，加强劳动执法力度，规范劳动合同的签订，在保持劳动力市场活力的同时，就业稳定性不断提高。据人力资源和社会保障部统计，2017年全国企业劳动合同签订率达90%以上，集体协商和集体合同制度稳步推进，全国经人力资源和社会保障部门审查并在有效期内的集体合同累计为183万份，覆盖职工 1.6 亿人。据测算，2017 年，城镇企业就业人员与用人单位签订的劳动合同中，长期劳动合同占比达到 40.5%，其中国有及国有控股企业签订长期劳动合同的比重接近 70%。通过这样一些措施，中国社会和谐劳动关系建设不断推进并取得效果。

三

城乡居民收入增长迈向全面小康水平

　　收入和消费水平的状况是民生的基本面，是最广大人民群众最直接、最现实、最关切的重大民生问题。改革开放以来，党和国家高度重视人民收入的增长和消费水平的提高，不断深化收入分配体制改革。四十年来，在以按劳分配为主体，多种分配方式并存的收入分配制度引导下，中国居民收入分配格局逐步完善。经过四十年的改革，中国逐步建立了以按劳分配为主、多种分配方式并存，按劳分配与按生产要素分配相结合的收入分配体制。随着收入分配方式的多样化，中国城乡居民收入来源实现了多元化。党的十八大以来，党和国家高度重视收入分配问题，着力深化收入分配制度改革，努力提高居民收入在国民收入分配中的比重，使发展成果更多更公平地惠及全体人民。

（一）全国居民人均可支配收入增长 22.8 倍

　　改革开放四十年来，随着中国经济社会的快速发展和综合国力的显著增强，城乡居民生活水平显著提高，居民收入持续快速增长，收入来源明显多元化。特别是党的十八大以来，居民收入继续快速增长，分配差距进一步缩小。

改革开放四十年来，中国居民收入节节攀升。2017年，全国居民人均可支配收入25974元，扣除价格因素，比1978年实际增长22.8倍，年均实际增长8.5%。中国居民用31年时间实现人均收入跨万元大关，用5年时间实现人均收入跨2万元大关，目前正向人均收入3万元大关迈进（见图3.1、图3.2）。从图3.1、图3.2可以看出，中国城乡居民收入的增长大体上经历了以下几个阶段。

1978~1991年，人民稳步解决温饱问题。随着农村家庭联产承包责任制在全国的推行，以及城市地区一系列收入分配制度改革措施的出台，城乡居民收入水平和生活水平较改革开放初期都有了明显的提高。城镇居民人均可支配收入从1978年的343元增加到1991年的1701元，年均实际增长6.0%。农村居民人均可支配收入从1978年的134元增加到1991年的709元，年均实际增长9.3%。

1992~2000年，人民生活实现总体小康。1992年，以邓小平南方谈话为标志，改革进入了整体配套、重点突破和全面攻坚的新阶段。在这一时期，各地非公有制经济迅速发展，城镇就业岗位明显增加，城镇居民收入较快增长。城镇居民人均可支配收入从1992年的2027元增长到2000年的6256元，年均实际增长6.7%。与此同时，市场经济体制不断完善，为商品流通特别是农副产品交换提供了便利条件，农产品价格的提高也为农民增收带来实惠。农村居民人均可支配收入从1992年的784元增长到2000年的2282元，年均实际增长4.9%。

2001~2017年，人民生活迈向全面小康。进入21世纪，收入分配制度改革进一步推进，各级政府切实落实各项增收措施，企业利润分配更多向居民倾斜，机关事业单位工资制度改革不断深化，城镇居民收入快速增长。城镇居民人均可支配收入从2001年的6824元增长到2017年的36396元，年均实际增长8.5%。

图 3.1 城镇居民家庭人均可支配收入增长趋势

资料来源:《中国统计年鉴 2017》。

图 3.2 农村居民家庭人均纯收入（可支配收入）增长趋势

资料来源:《中国统计年鉴 2018》。

同期，国家先后出台了减免农业税、实行粮食直接补贴等一系列惠农举措，大大提高了农民的生产积极性，使农民的钱袋子更加殷实。农村居民人均可支配收入从 2001 年的 2407 元增长到 2017 年的 13432 元，年均实际增长 8.0%。

党的十八大以来，在以习近平同志为核心的党中央坚强领导下，各地区各部门坚持以人民为中心的发展思想，认真贯彻落实全面建成小康社会的战略目标和方针政策，把提高人民福祉、促进人的全面发展作为一切工作的出发点和落脚点。深化收入分配制度改革全面实施，促进重点群体收入增长措施持续发力，鼓励和支持返乡下乡人员创业创新等各类政策深入推进，各地扶贫综合投入力度不断加大，精准扶贫精准脱贫政策措施持续落地生根，对居民收入的增加都起到至关重要的作用。这一时期，居民收入稳步增长，城乡居民生活向全面小康社会更加扎实地迈进。

总的来说，四十年来，中国城乡居民收入每十年翻一番。其中，2017年城镇居民人均可支配收入36396元，按1978年可比价格计算，是1978年的14.4倍，是2010年的1.63倍；2017年农村居民家庭人均可支配收入为13432元，按可比价计算是1978年的17.3倍，翻了四番多，是2010年的1.8倍，接近翻一番的目标。

（二）收入结构不断调整，收入分配格局逐步改善

改革开放四十年来，在以按劳分配为主体，多种分配方式并存的收入分配制度引导下，中国居民收入分配格局逐步完善。特别是党的十八大以来，党和国家高度重视收入分配问题，着力深化收入分配制度改革，努力提高居民收入在国民收入分配中的比重，使发展成果更多更公平惠及全体人民。中国城乡居民的收入构成从单一占比较高走向多元共同增长，城乡、区域和居民之间收入差距虽然在一个时期不断扩大，但自党的十八大以来开始呈现缩小趋势，收入分配格局不断改善。

1. 居民收入在宏观收入分配中占比超过60%

在宏观收入核算中，参与收入分配的主体由企业、政府和居民三

大部门组成，三者的比例关系是国民收入分配格局的重要体现。2009年，居民收入在国民收入分配中的占比为58.1%，比2008年提高1.4个百分点。党的十八大以来，各地政府努力增加居民收入，调整国民收入分配格局，居民收入在宏观收入分配中的比重稳步提高。2015年，居民收入在国民收入分配中的占比为61.6%，比2010年提高3.8个百分点。

2. 居民收入来源多元化

城镇居民工资性收入比重下降，经营性、财产性收入比重提高。改革开放初期，工资性收入是城镇居民收入来源的绝对主体，但随着市场主体增多、实物分配货币化以及政府转移增加，城镇居民收入中工资性收入比重下降（见图3.3）。

图3.3 城镇居民收入来源结构变化趋势

资料来源：历年《中国统计年鉴》。

1978年，城镇居民人均职工工资及得自单位的其他收入合计为322元，占城镇居民收入比重为93.8%。2017年，城镇居民人均工资性收入22201元，比1978年年均增长11.5%；占比为61.0%，比1978年下降32.8个百分点，但仍是城镇居民收入的主要来源。城镇个体经济的较快发展使城镇居民经营性收入占比上升。2017年，城镇居民人均经营净收入4065元，比1981年年均增长19.5%；占比为11.2%，比1981年提高9.9个百分点。20世纪90年代，利息是城镇居民财产性收入的主要渠道，进入21世纪后，投资渠道不断拓宽，财产性收入来源日益多元，收入水平大幅度提高。2017年，城镇居民人均财产净收入3607元，1990~2017年年均增长22.3%；占比为9.9%，比1990年提高8.9个百分点。

农村居民收入来源由单一的集体经营收入转为家庭经营、工资、转移收入并驾齐驱。改革开放初期，"以粮为纲"的经济模式使农村居民的收入来源较为单一，主要从集体统一经营中获取收入。1978年农村居民人均收入中，66.3%来源于集体统一经营收入。家庭联产承包责任制实行后，农户逐渐成为独立的经营单位，家庭经营性收入成为农村居民收入的重要来源（见图3.4）。

图3.4　城镇居民收入来源结构变化趋势（%）

资料来源：历年《中国统计年鉴》。

2017年，农村居民人均经营净收入5028元，比1978年年均增长13.5%；占比为37.4%，比1978年提高10.6个百分点。随着农村土地经营制度改革不断深化以及现代农业快速发展，大量农业劳动力从土地上分离出来，进入城市或乡镇企业工作，工资性收入逐渐成为农村居民收入的主要来源。2017年，农村居民人均工资性收入5498元，比1983年年均增长14.4%；占比为40.9%，比1983年提高22.3个百分点。随着各级政府转移支付力度的不断加大，来自政府的各项转移性收入逐渐成为农村居民收入的重要来源之一。2017年，农村居民人均转移净收入2603元，1983~2017年年均增长14.7%；占比为19.4%，比1983年提高11.5个百分点。

3. 城乡居民收入分配调节力度不断加大，收入差距逐年缩小

党的十八大以来，党和政府充分发挥再分配调节功能，加大对保障和改善民生的投入，农村居民收入增速快于城镇居民收入，城乡居民收入差距持续缩小。2017年，城乡居民人均可支配收入之比为2.71，比2007年下降0.43，比2012年下降0.17（见图3.5）。

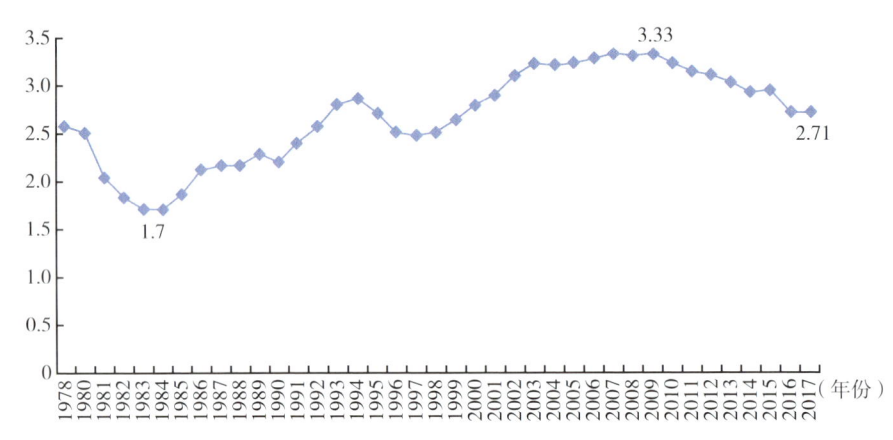

图3.5 城乡居民家庭人均可支配收入（纯收入）倍比变化趋势
资料来源：历年《中国统计年鉴》。

地区差距不断缩小。2017年，东部、中部、西部、东北地区居民人均可支配收入分别为33414元、21834元、20130元和23900元。2017年，以西部地区居民收入为1，东部地区与西部地区居民人均收入

之比为1.66，中部地区与西部地区居民人均收入之比为1.08，东北地区与西部地区居民人均收入之比为1.19。东部、中部、东北地区与西部收入相对差距分别比2012年缩小0.06、0.02、0.11。

总体收入差距同样经历了先扩大然后开始出现收缩的趋势（见图3.6）。在改革开放之初，中国在收入分配领域所急需克服的是改革开放前存在的平均主义倾向，鼓励一部分人、一部分地区先富起来，从而激发社会发展活力。为此，国家采取了一系列措施，真正落实按劳分配、多劳多得的社会主义分配制度，收入差距必然有所拉大。随着改革不断深化，允许资本、技术、管理等多种要素参与分配成为必然选择，从而也必然进一步拉大收入差距。到2008年前后，中国居民收入差距达到较高水平，成为社会广泛关注的问题。党和国家予以高度重视，开始从公平公正和共同富裕理念出发改革收入分配制度，调整收入分配关系，缩小收入分配差距，尤其是党的十八大以来，中国收入分配差距逐年明显缩小。

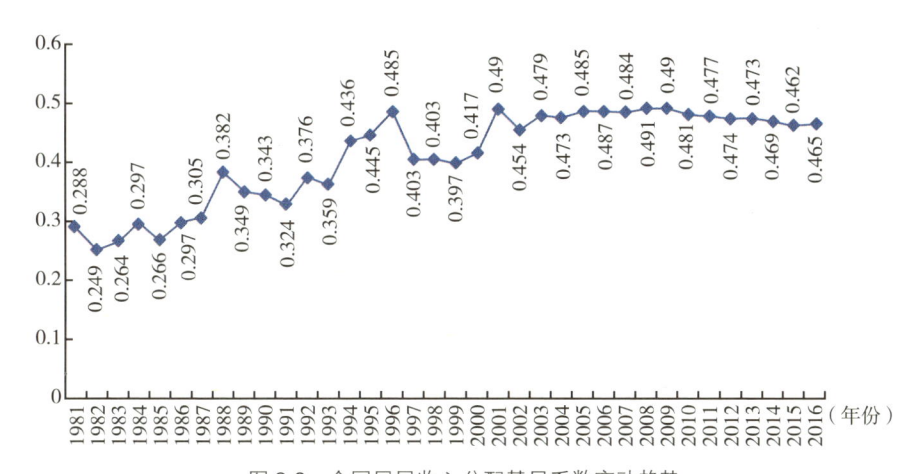

图3.6　全国居民收入分配基尼系数变动趋势

资料来源：根据国家统计局公布数据整理。

（三）扶贫开发成就举世瞩目，7亿多农村人口摆脱贫困

党和政府历来高度重视扶贫开发工作。改革开放以来，中国实施大规模扶贫开发，使7亿多农村人口摆脱贫困，取得了举世瞩目的伟大成就，谱写了人类反贫困历史上的辉煌篇章，中国也成为全球最早实现联合国千年发展目标中减贫目标的发展中国家，为全球减贫事业做出了重大贡献。1986年，国家以1984年农民人均纯收入200元为贫困线，确定331个国家级贫困县；1994年《国家八七扶贫攻坚计划》启动后，重新确定了592个国家级贫困县；2001年《中国农村扶贫开发纲要（2001—2010年）》出台后，将贫困县改称为国家扶贫开发工作重点县，并调整了名单，但仍为592个；2011年《中国农村扶贫开发纲要（2011—2020年）》将集中连片特困地区作为扶贫攻坚主战场，包括片区县和扶贫开发工作重点县在内的共832个县作为贫困地区，这些地区成为中国扶贫开发重点区域。党的十八大以来，国家聚焦贫困地区，大力实施精准扶贫、精准脱贫，不断加大投入和攻坚力度，贫困地区农村居民收入持续保持较快增长，生活消费水平明显提高，与全国农村平均水平的差距缩小。党的十八大以来，中国把扶贫开发摆在更加突出的位置，把精准扶贫、精准脱贫作为基本方略，开创了扶贫事业新局面，脱贫攻坚取得了决定性进展，稳步向历史性解决绝对贫困和全面建成小康社会迈进。

按当年价现行农村贫困标准衡量，1978年末农村贫困发生率约为97.5%，以乡村户籍人口作为总体推算，农村贫困人口规模为7.7亿人；2017年末农村贫困发生率为3.1%，贫困人口规模为3046万人。从1978年到2017年，中国农村贫困人口减少7.4亿人，年均减贫人口规模接近1900万人；农村贫困发生率下降94.4个百分点，年均下

降 2.4 个百分点。

21 世纪以来农村减贫规模占减贫总规模近六成。2000 年年末，中国农村贫困发生率为 49.8%，农村贫困人口规模为 4.6 亿人。2000 年以来，农村贫困人口减少 4.3 亿人，占改革开放以来农村减贫总规模的 58.4%；贫困发生率下降 46.7 个百分点，年均下降 2.7 个百分点。特别是党的十八大以来，动员全党全国全社会力量，打响脱贫攻坚战，脱贫攻坚成效显著，取得了决定性进展。按现行贫困标准，2013 年至 2017 年中国农村减贫人数分别为 1650 万人、1232 万人、1442 万人、1240 万人、1289 万人，不仅每年减贫人数均在 1000 万以上，而且打破了以往新标准实施后脱贫人数逐年递减的格局。五年来，农村累计减贫 6853 万人，减贫幅度接近 70%，年均减贫 1370 万人；贫困发生率也从 2012 年年末的 10.2% 下降到 2017 年年末的 3.1%，其中有 17 个省份贫困发生率已下降到 3% 以下（见表 3.1）。

表 3.1 按现行农村贫困标准衡量的农村贫困状况

年份	当年价贫困标准（元/年·人）	贫困发生率（%）	贫困人口规模（万人）
1978	366	97.5	77039
1980	403	96.2	76542
1985	482	78.3	66101
1990	807	73.5	65849
1995	1511	60.5	55463
2000	1528	49.8	46224
2005	1742	30.2	28662
2010	2300	17.2	16567
2011	2536	12.7	12238
2012	2625	10.2	9899
2013	2736	8.5	8249

续表

年份	当年价贫困标准（元/年·人）	贫困发生率（%）	贫困人口规模（万人）
2014	2800	7.2	7017
2015	2855	5.7	5575
2016	2952	4.5	4335
2017	—	3.1	3046

数据来源：国家统计局农村住户调查和居民收支与生活状况调查。其中，2010年以前数据是根据历年全国农村住户调查数据、农村物价和人口变化，按现行贫困标准测算取得。

在不断消除绝对贫困现象的过程中，贫困地区居民的收入也随着国民经济社会发展而不断增长，与非贫困地区的差距不断缩小。2017年，贫困地区农村居民人均可支配收入9377元，名义水平是2012年的1.8倍，五年年均增长12.4%；扣除价格因素，实际水平是2012年的1.6倍，年均实际增长10.4%，比全国农村平均增速快2.5个百分点。其中，集中连片特困地区2017年农村居民人均可支配收入9264元，扣除价格因素，实际水平达到2012年的1.6倍，年均实际增长10.3%，比全国农村平均增速快2.4个百分点；扶贫开发工作重点县2017年农村居民人均可支配收入9255元，扣除价格因素，实际水平是2012年的1.7倍，年均实际增长10.7%，比全国农村平均增速快2.8个百分点。2017年贫困地区农村居民人均可支配收入是全国农村平均水平的69.8%，比2012年提高了7.7个百分点。其中，集中连片特困地区占全国农村平均水平的69.0%，比2012年提高了7.4个百分点；扶贫开发工作重点县占全国农村平均水平的68.9%，比2012年提高了8.3个百分点。

改革开放四十年来，中国通过深化改革和大规模的扶贫开发，贫困人口大幅减少，为全球减贫做出了巨大贡献。一是对全球减贫的贡献率超七成。按照世界银行每人每天1.9美元的国际贫困标准及世界银行发布数据，中国贫困人口从1981年年末的8.78亿人减少到2013年年末的2511万人，累计减少8.53亿人，减贫人口占全球减贫总规模超七成；中国贫困发生率从1981年年末的88.3%下降至2013年年末的1.9%，累计下降了86.4个百分点，年均下降2.7个百分点，同期全球贫困发生率从42.3%下降到10.9%，累计下降31.4个百分点，年均下降1.0个百分点，中国减贫速度明显快于全球，贫困发生率也大大低于全球平均水平。中国也成为全球最早实现联合国千年发展目标中减贫目标的发展中国家，为全球减贫事业做出了重大贡献。二是为全球减贫提供了中国经验。改革开放四十年来，中国以政府为主导的有计划、有组织的扶贫开发，尤其是党的十八大以来精准脱贫方略的实施，为全球减贫提供了中国方案和中国经验，世界银行2018年发布的《中国系统性国别诊断》报告称"中国在快速经济增长和减少贫困方面取得了'史无前例的成就'"。联合国秘书长古特雷斯在"2017减贫与发展高层论坛"时发贺信盛赞中国减贫方略，称"精准减贫方略是帮助最贫困人口、实现2030年可持续发展议程宏伟目标的唯一途径。中国已实现数亿人脱贫，中国的经验可以为其他发展中国家提供有益借鉴"。

四

城乡居民消费实现
从生存型到发展型的跃升

改革开放四十年来,随着中国居民收入水平的大幅提高,居民消费水平和消费结构明显改善。在解决了温饱问题后,城乡居民开始从基本的吃穿消费向发展和享受型消费倾斜,人民群众的生活质量不断提高。

(一)城乡居民生活消费支出逐年增长,结构不断调整升级

随着人民生活水平的不断提高和市场供给端的长足进步,居民消费由实物型向服务型转变。文化娱乐、休闲旅游、大众餐饮、教育培训、医疗卫生、健康养生等服务性消费成为新的消费热点,体验类消费快速发展。

1978年,全国居民人均生活消费支出为184元,到2017年增长为22902元,按1978年物价计算,实际增长约18.3倍。其中,城镇居民人均生活消费支出从405元增长到31032元,按1978年物价计算实际增长约10.1倍;农村居民家庭人均生活消费支出从138增长到11704元,按1978年物价计算实际增长约12.5倍(见图4.1a至4.1c)。

四 城乡居民消费实现从生存型到发展型的跃升 | 033

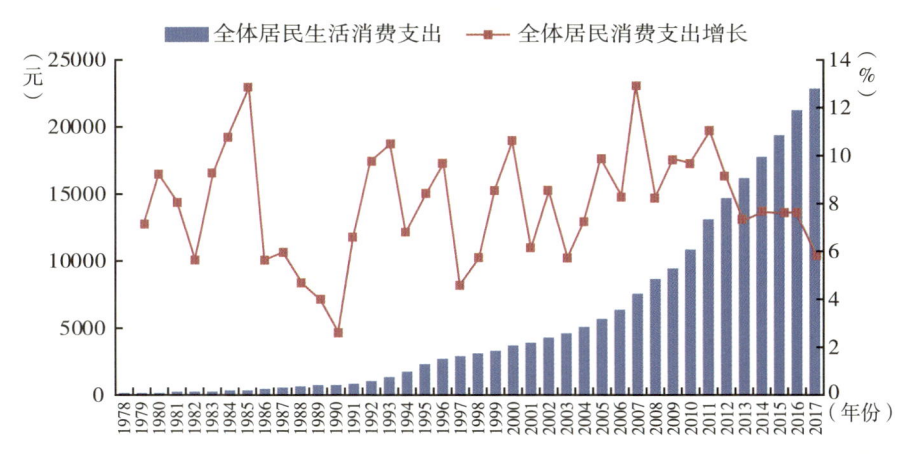

图 4.1a 全体居民生活消费支出增长趋势

图 4.1b 农村居民生活消费支出增长趋势

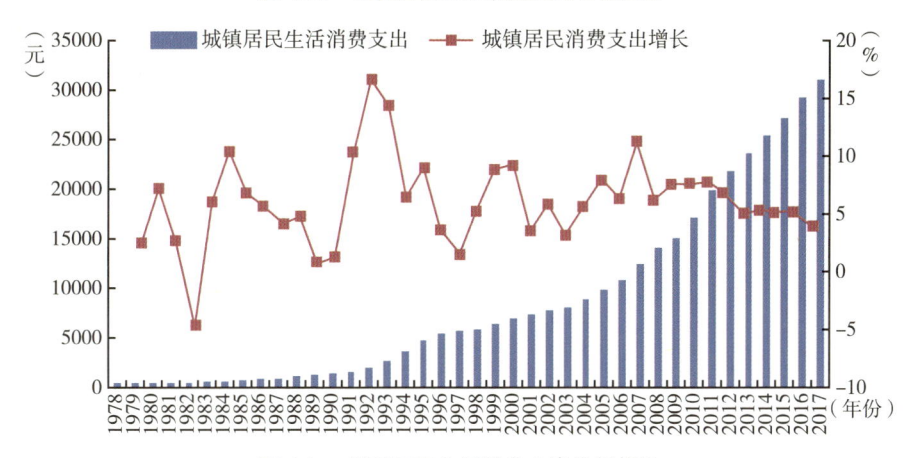

图 4.1c 城镇居民生活消费支出增长趋势

资料来源：《中国统计摘要 2018》。

城乡居民生活消费支出，主要包括饮食支出、衣着支出、居住支出、家庭设备及用品支出、交通通信支出、文教娱乐支出、医疗保健支出以及其他商品和服务支出等方面，生活消费支出总额用于这些方面支出的比重，构成城乡居民生活消费的结构。饮食支出、衣着支出、居住支出等项支出比重越高，越是表明人们的生活还处于生存型和享受型阶段，交通通信支出、文教娱乐支出、医疗保健支出等项支出的比重越高，就越是表明人们的生活向着发展型方向变化，也是我们所说的生活消费支出结构优化升级的主要表现。改革开放四十年来，中国城乡居民生活消费支出的结构调整显著，优化升级趋势明显。

从农村居民家庭人均生活消费支出的结构变化趋势看（见表4.1），食品支出比重显著下降，衣着支出比重总体保持稳定，居住支出和家庭设备及用品支出的比重稳中有增，而交通通信支出、文教娱乐支出和医疗保健支出的比重则呈现较为明显的增长趋势，三项支出比重之和从1985年的8.1%上升到2017年的34.2%。也就是说，在农村居民家庭人均生活消费支出中，超过三分之一被用于这些，更多地表明农村居民发展型生活消费的领域。这是中国农村居民生活水平和质量在改革开放四十年来不断改善、提升的突出表现。

表4.1 农村居民生活消费支出结构变化趋势（%）

年份	食品	衣着	居住	家庭设备及用品	交通通信	文教娱乐	医疗保健	其他
1985	57.8	9.7	18.2	5.1	1.8	3.9	2.4	1.1
1990	58.8	7.8	17.3	5.3	1.4	5.4	3.3	0.7
1995	58.6	6.9	13.9	5.2	2.6	7.8	3.2	1.8
2000	49.1	5.7	15.5	4.5	5.6	11.2	5.2	3.1
2005	45.5	5.8	14.5	4.4	9.6	11.6	6.6	2.1
2009	41.0	5.8	20.2	5.1	10.1	8.5	7.2	2.1

续表

年份	食品	衣着	居住	家庭设备及用品	交通通信	文教娱乐	医疗保健	其他
2010	41.1	6.0	19.1	5.3	10.5	8.4	7.4	2.1
2011	40.4	6.5	18.4	5.9	10.5	7.6	8.4	2.3
2012	39.3	6.7	18.4	5.8	11.0	7.5	8.7	2.5
2013	34.1	6.1	21.1	6.1	11.7	10.1	8.9	1.9
2014	33.6	6.1	21.0	6.0	12.1	10.3	9.0	1.9
2015	33.0	6.0	20.9	5.9	12.6	10.5	9.2	1.9
2016	32.2	5.7	21.2	5.9	13.4	10.6	9.2	1.8
2017	31.2	5.6	21.5	5.8	13.8	10.7	9.7	1.8

城镇居民的生活消费结构变化趋势与农村居民的消费支出结构变化趋势相比有所不同（见表4.2），但总体上也呈现结构升级的方向。食品支出比重下降更加显著，衣着支出比重以及家庭设备及用品支出比重也逐年下降（当然总体大于农村居民衣着支出比重和家庭设备及用品支出的比重）。居住支出比重上升较为明显，反映了城市居民家庭居住条件改善的进程。交通通信支出、文教娱乐支出和医疗保健支出的比重，在20世纪八九十年代呈现上升趋势，进入21世纪以后则相对稳定（或者稳中有降）。主要原因在于这些方面的支出比重进入21世纪以后已经达到较高水平，三项支出比重之和到2010年时已经达到33.3%，也就是三分之一的水平。

表4.2 城镇居民生活消费支出结构变化趋势（%）

年份	食品	衣着	居住	家庭设备及用品	交通通信	文教娱乐	医疗保健	其他
1985	52.3	14.6	4.8	8.6	2.1	8.2	2.5	7.0
1990	54.2	13.4	4.8	8.5	3.2	8.8	2.0	5.2
1995	50.1	13.5	8.0	7.4	3.1	5.2	9.4	3.2

续表

年份	食品	衣着	居住	家庭设备及用品	交通通信	文教娱乐	医疗保健	其他
2000	39.4	10.0	11.3	7.5	8.5	13.4	6.4	3.4
2005	36.7	10.1	10.2	5.6	13.8	12.5	7.6	3.5
2009	36.5	10.5	10.0	6.4	12.0	13.7	7.0	3.9
2010	35.7	10.7	9.9	6.7	14.7	12.1	6.5	3.7
2011	36.3	11.0	9.3	6.7	14.2	12.2	6.4	3.8
2012	36.2	10.9	8.9	6.7	14.7	12.2	6.4	3.9
2013	30.1	8.4	23.3	6.1	12.5	10.8	6.1	2.7
2014	30.0	8.1	22.5	6.2	13.2	10.7	6.5	2.7
2015	29.7	8.0	22.1	6.1	13.5	11.1	6.7	2.7
2016	29.3	7.5	22.2	6.2	13.8	11.4	7.1	2.6
2017	28.6	7.2	22.8	6.2	13.6	11.8	7.3	2.7

资料来源：《中国统计年鉴2018》。

（二）恩格尔系数明显下降，城乡居民生活总体进入全面小康阶段

恩格尔系数（食品支出比重）是国际通用的衡量一个国家或地区人民生活水平高低的重要指标。改革开放以来，中国城乡居民恩格尔系数显著下降，人民生活水平明显提高。2017年，全国居民恩格尔系数为29.3%，比1978年的63.9%下降了34.6个百分点。分城乡看（见图4.2），城镇居民恩格尔系数为28.6%，比1978年的57.5%下降了28.9个百分点；农村居民恩格尔系数为31.2%，比1978年的67.7%下降了36.5个百分点。

在恩格尔系数下降的同时，城乡居民的饮食品质逐年提高。改革开放初期，城乡居民膳食结构单一，以主食消费为主。随着居民收入水平的提高、食品种类的丰富，城乡居民饮食更加注重营养，主食

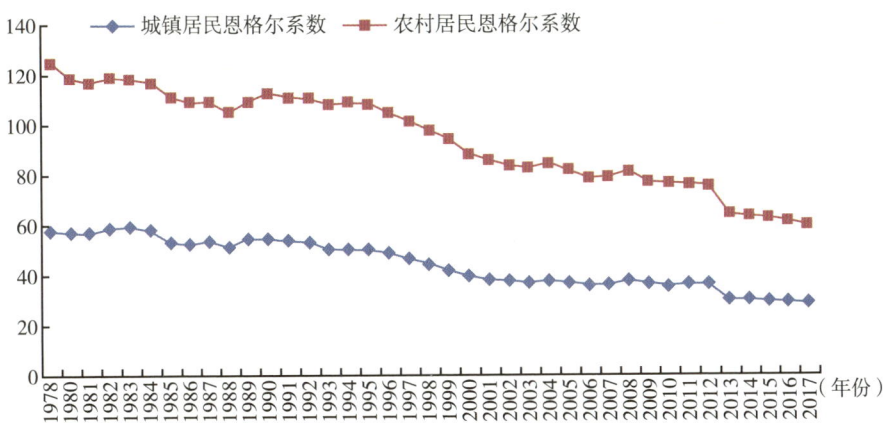

图 4.2　城乡居民生活消费支出恩格尔系数变化趋势（%）

资料来源：《中国统计年鉴 2018》。

消费明显减少，膳食结构更趋合理，食品消费品质不断提高。具体而言，城镇居民人均粮食消费量由 1978 年的 152 千克降到 2017 年的 110 千克，农村居民人均粮食消费量由 1978 年的 248 千克降到 2017 年的 155 千克。肉、禽、蛋、奶等动物性食品消费显著增加。城镇居民人均猪肉消费量由 1978 年的 13.7 千克上升到 2017 年的 20.6 千克，禽类由 1978 年的 1.0 千克上升到 9.7 千克，鲜蛋由 1978 年的 3.7 千克上升到 10.3 千克；农村居民人均猪肉消费量由 1978 年的 5.2 千克上升到 2017 年的 19.5 千克，禽类由 1978 年的 0.3 千克上升到 7.9 千克，蛋类由 1978 年的 0.8 千克上升到 8.7 千克。

改革开放初期，城乡居民在外饮食次数少，在外饮食支出占家庭全部饮食支出的比重低。随着收入的提高和生活观念的转变，人们在外饮食次数明显增加，在外饮食支出比重明显上升。2017 年城镇居民人均饮食服务支出 1538 元，比 1993 年增长 15.7 倍；占食品、烟酒支出的比重为 22.0%，比 1993 年提高 13.3 个百分点。2017 年，农村居民人均饮食服务支出 309 元，比 1985 年增长 65.9 倍，占食品、烟酒支出的比重为 9.0%，比 1985 年提高 6.5 个百分点。

（三）衣着实现成衣化和时尚化，服饰质量显著提高

改革开放初期，由于收入水平较低，服饰鞋帽商品供给不足，中国城乡居民衣着十分简单，主要满足保暖御寒的需求，显著特点是"一衣多季""色彩单调""自制或裁缝做衣"，农村居民的衣着尤为明显。1978年，农村居民人均凭票购买的棉布、化纤布、呢绒和绸缎合计为18.3尺，人均购买棉花0.4千克，人均购买毛线及毛线衣裤仅有0.02千克，人均购买胶鞋、球鞋和皮鞋仅有0.3双，也就是说，平均三个人一年才购买一双鞋。

改革开放以来，城乡居民的衣着需求发生了三个转变，即从"保暖御寒"向"美观舒适"转变，从"一衣多季"向"一季多衣"转变，从"做衣"向"购衣"转变。居民穿着更加注重服装的质地、款式和色彩的搭配，名牌化、时装化和个性化成为人们的共同追求，衣着消费支出大幅增长。即使是保暖衣着，也从改革开放初期几乎清一色的棉大衣（颜色以蓝色和军绿色为主）转变为羽绒服、呢绒大衣、皮草大衣等，款式和颜色丰富多彩。2017年，城镇居民人均衣着支出1758元，比1978年名义增长40.6倍，年均名义增长10.0%；农村居民人均衣着支出612元，比1978年名义增长40.5倍，年均名义增长10.0%。

（四）耐用消费品不断升级换代，生活出行现代化水平显著提高

改革开放初期，手表、自行车和缝纫机成为城乡居民婚嫁必备的"三大件"。1979年，城镇居民平均每百户拥有手表204只、自行车113辆、缝纫机54.3架；农村居民平均每百户拥有手表27.8只、自

行车 36.2 辆、缝纫机 22.6 架。当时，电视机还属稀缺消费品，直到 1980 年，城镇居民平均每百户拥有黑白电视机 32.0 台，农村居民平均每百户仅有 0.4 台。

20 世纪 80~90 年代，随着改革开放的深入推进、经济社会的快速发展，中国家庭耐用消费品开始向电气化迈进，城乡居民家庭青睐的"三大件"变成了冰箱、洗衣机、彩色电视机。1989 年，城镇居民平均每百户拥有冰箱 36.5 台、洗衣机 76.2 台、黑白电视机 55.7 台、彩色电视机 51.5 台；农村居民平均每百户拥有冰箱 0.9 台、洗衣机 8.2 台、黑白电视机 33.9 台、彩色电视机仅有 3.6 台。进入 21 世纪以来，不仅洗衣机、冰箱、电视机等高度普及，微波炉、抽油烟机、空调、热水器等也几乎成为城乡居民家庭必备的家用设备。2017 年，每百户城镇居民家庭拥有洗衣机 95.7 台、电冰箱（柜）98.0 台、微波炉 56.9 台、彩色电视机 123.8 台（黑白电视机基本被淘汰）、空调 128.6 台、热水器 90.7 台、抽油烟机 73.7 台；每百户农村家庭拥有洗衣机 86.3 台、电冰箱（柜）91.7 台、微波炉 17.3 台、彩色电视机 120 台（黑白电视机基本被淘汰）、空调 52.6 台、热水器 62.5 台、抽油烟机 20.4 台。

从 20 世纪 90 年代末起，城乡居民交通出行方式开始有了多种选择。1999 年，城镇居民平均每百户拥有摩托车 15.1 辆、家用汽车 0.34 辆；农村居民平均每百户拥有摩托车 16.5 辆。进入高科技迅速发展的 21 世纪，家庭消费也随之向现代化、科技化迈进，移动电话、计算机、汽车走入寻常百姓家。2017 年，城镇居民平均每百户拥有移动电话 235 部、计算机 80.8 台、家用汽车 37.5 辆；农村居民平均每百户拥有移动电话 246 部、计算机 29.2 台、家用汽车 19.3 辆。

（五）居住条件显著改善，住房质量不断提升

改革开放初期，绝大多数城镇居民租住单位或房屋管理部门的房屋，只有少数居民拥有自己的住房。1984年，城镇居民居住公房的户比重为88.2%，而居住自有房的户比重仅为9.4%。人口多、住房面积小、三代同居一室是当时较为普遍的现象。

改革开放以来，党和政府高度重视改善居民的居住条件，加大了民用住宅建设的投资力度，近年来更是通过建设廉租房和经济适用房千方百计解决居民住房难的问题，住房保障工程大力推进。改革开放四十年来，我国住宅建设规模大幅增加，有效改善了人民的居住条件。1998年住房分配制度改革后，中国房地产开发投资进入平稳快速发展时期，成为经济发展的支柱产业之一。1998~2017年中国房地产开发投资累计完成85万亿元，年均增长21.4%；2017年房地产开发投资占全部投资的比重为17.1%，比1997年提高4.4个百分点；2017年中国全社会住宅施工面积65亿平方米，是1997年的4.4倍。党的十八大以来，为有效改善中低收入者的居住条件，中国保障性住房建设驶入快车道，2015~2017年全国城镇棚户区住房改造开工1816万套，2016~2017年改造农村地区建档立卡贫困户危房300多万户。大批保障性住房的建设使用，对改善人民的居住环境，提升人民群众的生活质量发挥了积极的作用。

随着棚户区改造和贫困地区危旧房改造项目推进，许多居民家庭告别低矮、破旧、设施简陋的住房，迁入宽敞明亮、设施齐全的楼房，居住条件明显改善。2017年，城镇居民、农村居民人均住房建筑面积分别比1978年增加30.2平方米、38.6平方米。2017年，城乡居民居住在钢筋混凝土或砖混材料结构住房的户比重为93.5%和65.0%，

分别比 2013 年提高 1.7 个和 9.3 个百分点。

住房条件明显改善的同时，城乡居民的居住质量也明显提升。2017 年，城乡居民住宅外道路为水泥或柏油路面的户比重为 93.4% 和 66.3%，分别比 2013 年提高 3.3 个和 14.9 个百分点。城乡居民有管道供水入户的户比重为 97.7% 和 74.6%，分别比 2013 年提高 1.3 个和 13.7 个百分点。尤其是习近平总书记就"厕所革命"做出重要指示后，城乡居民的厕所卫生条件明显改善。2017 年，城乡居民使用卫生厕所的户比重为 91.7% 和 45.0%，分别比 2013 年提高 2.4 和 9.4 个百分点。城乡居民使用本住户独用厕所的户比重为 93.5% 和 95.4%，分别比 2013 年提高 3.8 个和 2.8 个百分点。

（六）旅游成为城乡居民日常生活元素，见证着人民生活品质的提升

改革开放四十年，中国旅游业的发展见证了国人生活品质的不断提升。2013~2017 年我国公园和旅游景区管理业投资年均增速高达 33.2%。在旅游消费方面，随着旅游产品多样性不断提高和旅游市场环境日趋改善，旅游市场持续增长，旅游消费持续升温，2017 年全国旅游总花费约 4.6 万亿元，是 1994 年的 45 倍，年均增长 18%。据测算，2016 年国家旅游及相关产业增加值 32979 亿元，比 2015 年增长 9.9%（未扣除价格因素），增速比上年提高 0.5 个百分点，比同期国内生产总值（GDP）现价增速高 2 个百分点。

居民出游方式多种多样，"小长假 + 年休假"拼假方式所占比例增加，周边游、短途游等出游形式深受欢迎，亲子游、海岛游、邮轮游等旅游产品备受青睐。从国内游到出境游，从跟团游到自驾游、自由行，再到近年来兴起的无景点游、心理旅游、自组团游等，旅游从

曾经的"奢侈品"转变为人民日常"生活元素",中国进入大众旅游、全域旅游新时代。国家旅游局数据显示,2017年,我国人均出游已达3.7次,国内旅游人数达到50亿人次,是1994年的10倍,年均增长10.3%。与此同时,人们对旅游资源要求越来越高,出国旅游成为新时尚。1994年,中国居民因私出境占居民出境总人数的比例尚不足50%;2017年,因私出境居民1.36亿人次,占出境比重超过95%。

五

教育事业创造发展中国家办大教育的奇迹

改革开放四十年来,中国已经建立起世界上规模最大的教育体系。中华人民共和国成立时,旧教育法统被彻底摧毁,但在之后至改革开放前三十年里,由于历史原因,新的教育法律体系并没有建立,教育发展严重缺乏法制保障,这种局面直到改革开放后才得以逐渐改变。改革开放四十年来,中国初步建立起一套包括《中华人民共和国教育法》《中华人民共和国义务教育法》《中华人民共和国职业教育法》《中华人民共和国高等教育法》《中华人民共和国民办教育促进法》等在内的中国特色社会主义教育法律体系,从根本上扭转了教育发展"无法可依"的局面。党的十八届四中全会提出了全面推进依法治国的方略,依法治教是依法治国的重要内容,更是依法治国的教育保障。

1991~2017年,全国教育经费总投入由732亿元增长到42557亿元,国家财政性教育经费占GDP比重由2.8%上升至4.1%。党的十八大以来,职业教育、非学历教育快速发展。2016年,全国共有职业院校1.2万所,中高职在校生2682万人。每年约有280万个家庭通过高职实现了拥有第一代大学生的梦想。2016年接受各种非学历高等教育的学生863万人次,比2012年增加了1.2倍。教育越来越受到社会各界的普遍重视，一批教育培训企业快速崛起。2013~2017年，规模以上服务业中，从事职业技能培训的企业，营业收入年均增长10.9%；从事课外辅导培训的企业，营业收入年均增长20.6%，营业利润年均增速高达29.5%。截至2017年6月，中国在线教育用户规模达1.44亿人，上线慕课3200余门，有5500万人次的高校学生和社会学习者通过互联网选学课程，互联网教育前景广阔。可以说，改革开放四十年以来，中国教育取得了跨越式的发展，创造了一个发展中国家办大教育的奇迹。

（一）全面实施了免费义务教育

义务教育具有强制性、免费性、普惠性的特点。但是，长期以来中国的义务教育一直没有实现免费。1982年，全国农村适龄儿童入学率只有62.6%。2002年，全国仍然有8507万文盲，其中2000万是青壮年文盲。

2006年9月1日，修订实施的《中华人民共和国义务教育法》明确规定"实施义务教育，不收学费、杂费"，国家从法律的层面确立了义务教育经费保障机制，保证了义务教育制度的实施。2007年春开始免除全国农村义务教育学杂费，2008年秋全国城市义务教育阶段实行免除学杂费。义务教育阶段彻底实行免费，对中国教育来说具有划时代意义。与农业领域免除具有千年历史的农业税一样，义务教育全免费可以说是改革开放四十多年乃至百年来中国教育成就的重要标志。

（二）各级各类教育实现跨越式发展

改革开放四十年来，中国教育的改革是全面而深刻的，中国教育的发展也是跨越式和超常规的。

1978年，中国小学升初中的比例只有60.5%，中等职业教育学生数占高中阶段教育的比例不足6%，高等教育毛入学率只有1.55%；2016年，中国的学前教育毛入园率为77.4%，小学净入学率为99.9%，初中毛入学率为104%，九年义务教育巩固率为93.4%，高中阶段毛入学率为87.5%，均超中高收入国家平均水平。1977年，全国570万考生中只有27万人幸运地进入大学，录取率为5%；2017年，中国高等教育毛入学率达到了45.7%，高等教育大踏步进入普及发展阶段。

近年来，学前教育和高中阶段教育的短板得到了有效的提升。2001年，全国共有幼儿园11.17万所，幼儿在园人数2021.84万人，幼儿园园长和教师63.01万人，3~5岁幼儿毛入园率达35.4%。2010年，《国务院关于当前发展学前教育的若干意见》明确提出学前教育是终身学习的开端，是国民教育体系的重要组成部分，是重要的社会公益事业；要求各级政府把发展学前教育摆在更加重要的位置。根据国家的部署，以实施学前教育三年行动计划为抓手，学前教育取得了快速的发展。2013年，全国共有幼儿园19.86万所，在园幼儿（包括附设班）3894.69万人，幼儿园园长和教师共188.51万人，学前教育毛入园率达到67.5%。第二个三年行动计划实施后的2016年，全国幼儿园数量达23.98万所，在园儿童（包括附设班）4413.86万人，幼儿园园长和教师共249.88万人，学前教育毛入园率又提高了近10个百分点，达到77.4%。

与学前教育发展类似，高中阶段教育（包括普通高中教育、成人高中教育、中等职业教育）也经历了一个跨越式发展。招生人数从1980年的640万人增加到2016年的1396.2万人，在校生人数从1721万人增加到3970.06万人。20世纪90年代以后，高中阶段教育进入快速发展期，1990~2007年，高中阶段招生人数年均增长6.8%，在校生人数年均增长 6.6%。随着高中阶段教育在校生规模的进一步扩大，入学机会快速增加，高中阶段教育毛入学率从 1990 年的 26.0% 提高到 2016 年的 87.5%，提高了 60 多个百分点。据国家统计局 2017 年的调查统计，在全国 6 岁及以上年龄的人口中，受过普通高中和职业高中阶段教育的人口占比达到 17.6%。

在高等教育方面，2014 年，全国 939 万考生中有 698 万进入高校深造，录取率达 74.3%，高等教育已经接近普及化水平。普通本专科招生人数从 1977 年的 27 万人增长到 2017 年的 761.5 万人，在校生人数从 1978 年的 85.6 万人增长到 2017 年的 2753.6 万人。高等教育的跨越式发展，极大地提高了中国劳动年龄人口的文化素质。据国家统计局 2017 年的调查统计，在全国 6 岁及以上年龄的人口中，受过大学专科及以上教育的人口占比达到 13.9%，从业人员中有高等教育学历的人数已位居世界前列。另外，通过对西部和人口大省等教育发展的倾斜支持，以及"211 工程"和"985 工程"的实施，高等教育的整体水平得到提升，发展更加充分、更加平衡。

另外，教育对外开放取得重要进展。改革开放伊始，邓小平同志就做出了扩大派遣留学生的重要决策，提出"要成千成万地派，不是只派十个八个"，从而形成了大规模出国留学的热潮。1978~1989 年，中国共派出各类留学人员 96101 人。1989~2011 年，各类出国人员 214.9 万人，成为全球最大留学生生源国。2016 年出国留学人数已达到 54.5 万人。

（三）大力推进素质教育

从 20 世纪 80 年代后期开始，中国基础教育中的片面追求升学率、择校热等问题日益严重，社会对教育存在的问题的不满也日趋强烈。1999年，中共中央、国务院颁布了《关于深化教育改革，全面推进素质教育的决定》。与此同时，国家和民间的教育改革探索也应运而生。

其中，以行政推进为主要特征的"新课程改革"、以专家引领为主要特征的"新基础教育"和以共同体行动为主要特征的"新教育实验"是最为突出的代表。2016年，教育部发布《中国学生发展核心素养》。目前高中各个学科的素养标准已经研制完成，这将对深化基础教育阶段的素质教育起到积极的推动作用。

（四）不断推进教育公平

曾经在一个时期，中国教育走了一条效率优先的道路，基础教育中实验学校的确立、重点学校的评估，高等教育中"211"、"985"、重点学科建设等，锦上添花多，雪中送炭少，造成了城市与农村、东部与中西部、重点与普通之间的差距越来越大。

2003年10月，党的十六届三中全会第一次明确提出科学发展观的理念后，这个倾向得到了初步遏制。国务院首次召开全国农村教育工作会议，决定实施加快中西部农村基本普及九年义务教育、基本扫除青壮年文盲的"两基"攻坚计划。

2006年开始，国家先后对西部农村全面实施学生免除学杂费、免费提供教科书等措施；采取招聘特岗教师等办法补充西部地区农村学校的师资。2010年出台的《国家中长期教育改革和发展规划纲要（2010—2020年）》，更明确把"促进公平"作为教育改革与发展的方针，把教育公平作为社会公平的重要基础；主张教育公平的关键是机会公平，基本要求是保障公民依法享有受教育的权利，重点是促进义务教育均衡发展和扶持困难群体，根本措施是合理配置教育资源，向

专栏

全面改善贫困地区义务教育薄弱学校
——来自甘肃省张掖市山丹县的案例

党的十九大报告强调"推动城乡义务教育一体化发展，高度重视农村义务教育""努力让每个孩子都能享有公平而有质量的教育"。教育是社会流动的引擎，只有畅通农村和贫困地区学子向上社会流动的渠道，才能使每个社会成员都能享受平等的公共教育资源，实现教育现代化和教育强国的蓝图。

农村教育在中国教育发展中处于最薄弱的环节。受到自然条件和经济发展水平的影响，西部地区农村基础教育面临着更多的矛盾和问题。农村孩子能否享受和城市孩子同样的优质教育？农村学校能否办得和城里学校一样好？甘肃省山丹县通过实施"全面改善义务教育阶段薄弱学校基本办学条件"（"全面改薄"）项目，有效地解决了农村学校办学条件较差、教学设备缺乏、学生流失严重等问题，全县教育尤其是农村教育呈现蓬勃发展的良好态势。

"全面改薄"是国家为了统筹城乡义务教育资源均衡配置，促进基本公共教育服务均等化，全面改善贫困地区义务教育薄弱学校基本办学条件而启动的重大教育工程项目。近年来，甘肃省张掖市山丹县持续加大教育经费投入，不断改善义务教育学校办学条件。在全县中小学全部建起了标准生理化实验室、科学实验室、计算机教室等功能室，寄宿制学校全部设立了卫生室、心理咨询室和留守儿童之家。及时补充更新学生课桌凳和寄宿生用床，全面保障中小学生"一生一桌一椅"，寄宿学生"一生一床"。改扩建农村学校运动场、粉刷校舍、完善学校功能室建设和购置信息技术教学设备，实现了液晶触控一体机班班通全覆盖。全县义务教育阶段学校校舍和设施设备得到了全面改善，学校管理水平和教育教学质量明显提高，为义务教育

> 均衡发展提供了基础支撑，城乡办学差距进一步缩小。以该县清泉镇中心小学为例，以前该校办学条件不好，冬天都是火炉取暖，功能室的使用率也不高。
>
> "全面改薄"工程是民生工程，更是民心工程，显著提升了广大师生和当地老百姓的获得感、幸福感、安全感。"能在现在这样的新学校学习、生活，是一件特别幸福的事儿。"提起在新学校校园生活的感受，山丹县的农村学生们这样回答。"政府办了件大好事，大实事！"当地百姓对"改薄"项目的实施赞不绝口。

农村地区、边远贫困地区和民族地区倾斜，加快缩小区域之间的教育差距。同时明确提出教育公平的主要责任在政府，要求全社会共同促进教育公平。近年来，教育公平优先的思路渐趋明朗。

图5.1　2011年昆明某小学教室（新华社照片，2011-09-01，新华社记者伍晓阳摄）

图5.2　2017年甘肃陇南山村小学的电子课堂（新华社照片，2017-05-22，新华社记者陈斌摄）

与此同时，对于弱势群体，国家建立了助学体系，覆盖了从学前教育到高等教育的所有人群，包括国家奖助学金、国家助学贷款、学费补偿贷款、勤工助学、学校奖助学金、困难补助、伙食补贴、学费减免等。2004年，国家启动了西部地区"两基"攻坚计划，几年时间里国家投入了100亿元，建设了8300多所寄宿制学校，解决了农村学生入学路途远的问题，同时对农村义务教育阶段贫困家庭学生实施免杂费、免书本费、补助寄宿生生活费的办法。2011年，中央财政拨款100亿元推进全国中小学校舍安全工程，之后每年拨款160多亿元实施农村义务教育学生营养改善计划。2011年、2012年，教育部与全国31个省（区、市）和新疆生产建设兵团签署了义务教育均衡发展备忘录，构建起中央和地方政府协同推进的机制。

2016年，全国中小学生基本实现电子学籍管理，各级各类学校互联网的接入，从五年前的20%左右增加到2018的94%以上。6.4万个教学点实现数字教育资源全覆盖，惠及400多万名偏远农村地区的孩子。截至2017年，90%以上的残疾儿童享有受教育机会；80%以上的外来务工人员随迁子女在流入地公办学校就学。2017年年底，全国2379个县（市、区）通过义务教育发展基本均衡督导评估，约占全国总数的81%，11个省份整体通过评估。2015年高考录取率最低省份与全国平均水平的差距从2010年的15.3个百分点缩小到5个百分点内。

六

医疗卫生事业现代化水平稳步提高

改革开放以来,中国医疗卫生事业发展成就显著,为不断改善和提高中国人民的健康状况和水平提供了不断进步的条件。党和国家对医疗卫生事业的发展始终高度重视,不断加大改革力度,不断创新治理体系、提高治理能力。四十年来,中国人口健康水平稳步提高,健康公平状况不断改善。随着我国经济发展水平的快速提高,医疗卫生条件显著改善,社会保障制度日益健全,先进医疗服务体系覆盖面不断扩展,尤其是党的十八大以来,中国卫生事业投入力度加大,重大疾病防治成效显著。1982~2017年医疗卫生领域投资累计完成3.2万亿元,年均增长20.5%。

(一)中国医疗卫生体制改革不断深化

改革开放以来,中国的医疗卫生体制发生了很大的变化。改革开放前,中国城乡实行不同的医疗卫生体制。在农村实行的主要是以赤脚医生为服务主体的合作医疗制度;在城镇实行的是劳动保险医疗制度和职工公费医疗制度。1978年开启的改革开放,逐步瓦解了计划经济体制下城乡医疗卫生体制存在的基础。合作医疗是通过村民集体和个人集资，为农民提供低费医疗保健服务的一种互助互济制度。改革开放前，合作医疗是中国农村地区医疗制度的主体，覆盖率一度达到90%。20世纪80年代后，随着农村家庭联产承包责任制的推行，乡村公共积累下降，合作医疗制度在绝大部分地区迅速瓦解，农民医疗实行完全自费。据1985年对全国10省45个县的调查，农村居民中仍参加合作医疗的仅占9.6%，自费医疗占到81%。1986年，支持合作医疗的村继续下降到5%左右。在城镇，随着传统计划经济体制逐步向社会主义市场经济体制转变，计划经济时代的劳动保险医疗制度和职工公费医疗制度也难以为继，改革势在必行。

中国医疗卫生制度改革是一个不断探索前进的过程。在20世纪八九十年代，农村医疗卫生事业发展方向是倡导重建农村合作医疗制度，但由于经济社会发展总体水平较低以及各地区发展不平衡等问题，农村重建合作医疗制度的努力非常艰难。在城市，1984年，卫生部提出要对医疗卫生系统进行改革，要求医疗卫生部门开拓资金来源，并进一步放宽医疗卫生政策，中国的医疗卫生改革也正式拉开序幕，进入市场化改革阶段。1994年开始在一些地方开展统账结合的试点工作，1997年在全国三十多个城市扩大试点，随后在全国范围内推广了社会统筹与个人账户相结合的城市医疗保险制度，确立了城市医疗保险制度的基本框架。这些改革措施一方面推动了中国城乡医疗卫生事业，另一方面也带来一些问题，主要是医疗卫生服务供给跟不上城乡居民医疗卫生需要，以及居民承担的医疗卫生费用支出负担增加。

2003年以来，中国农村医疗卫生事业步入重新发展阶段。为了解决城乡医疗卫生服务差距拉大问题，保障农民生命健康权利，国家逐步深化农村合作医疗改革，主要措施是建立健全新型农村合作医疗制度。农村新型合作医疗的资金筹集以政府财政拨款为主、农民缴款为辅，主要目的是保障重病患者能够得到及时的救治。与此同时，国家还在农村启动医疗救助制度试点。2003年，民政部、卫生部和财政部联合发布《关于实施农村医疗救助的意见》，明确了政府机关要在农村医疗救助中起到主导型作用，要求各级政府必须尽最大努力解决农民看病难的问题，这是完善我国农村医疗卫生服务体制的重要措施。城市医疗卫生体制也进入了新的改革探索阶段。由于当年"SARS"危机爆发，以往近十年的医疗卫生市场市场化改革的一些问题凸显出来，基本医疗卫生服务水平低下以及看病难、看病贵的问题成为民众关注的焦点，医疗卫生体制改革也成为当务之急。国家先后于2003年和2007年推行了医疗卫生救助制度改革和城市医疗保险体制改革，开始了城市医疗卫生体制新的改革探索。2009年国家推出"新医改"方案，强调医疗卫生事业的公益性和公平性，启动实施新一轮医药卫生体制改革，明确了保基本、强基层、建机制的基本原则和实现人人享有基本医疗卫生服务的目标，逐步实现城乡医疗卫生服务的均等化。

党的十八大以来，以习近平同志为核心的党中央，从"五位一体"总体布局、"四个全面"战略布局出发，做出了推进健康中国建设的决策部署。2016年，党中央、国务院召开了21世纪以来第一次全国卫生与健康大会，随后，中共中央、国务院颁布并实施《"健康中国2030"规划纲要》，勾画了打造健康中国的蓝图。这是中国卫生与健康事业发展的重要里程碑，对于全面提升中华民族健康素质、实现"两个一百年"奋斗目标具有重大的现实意义和深远的历史意义。

（二）中国城乡医疗卫生体系日益完善

随着医疗卫生制度改革的不断深化，中国城乡医疗卫生体系建设不断完善。1998年，中国开始建立城镇职工基本医疗保险。2003年，开始建立新型农村合作医疗制度。2007年开始建立城镇居民基本医疗保险制度。2012年,中国开始试点城乡居民大病保险制度,到2016年年底城乡居民大病保险全面推开。2018年7月,国家卫生健康委、国务院扶贫办宣布,未来三年将采取超常规举措,全面实施健康扶贫三年攻坚行动,坚决不能让健康问题成为群众致富奔小康的"拦路虎"。国家将聚焦深度贫困地区和卫生健康服务薄弱环节,加大政策供给和投入支持力度,创新体制、转换机制、防治结合、关口前移,保障贫困人口享有基本医疗卫生服务,防止因病致贫、因病返贫。

概括地说,经过四十年的改革探索和建设发展,中国医疗卫生事业建立起了一个日益完善的体系。该体系由三个主体部分组成。

一是全世界最大的全民基本医保网。从保基本起步,完善城镇职工医保制度,扩大新农合和城镇居民医保覆盖面,建立大病保险制度、疾病应急救治制度,健全医疗救助制度,形成了覆盖城乡、相互衔接、多层次的基本医疗保障网,居民住院费用政策范围内报销比例稳步提高,为实现人人病有所医提供了坚实的制度保障。

二是不断完善的覆盖城乡的医疗卫生服务体系。从强基层抓起,加强农村三级基本医疗卫生服务网络和城市社区卫生服务中心建设,全面实施国家基本药物制度,深化基层医疗卫生机构综合改革,加快全科医生培养,有序推进分级诊疗和家庭医生制度建设。全面启动县级公立医院综合改革,全面推开城市公立医院改革试点,探索建立维护公益性、调动积极性、保障可持续的运行新机制。积极推动社会力量办医,多元办医格局初步形成,人民群众多元化、多样化健康需求不断得到满足。2017年,全国共有医院31056家,其中公立医院12297家,占39.6%;民营医院18759家,占60.4%。到2017年年末,公立医院床位占医院总床位数的75.7%,民营医院床位数占24.3%。

三是逐步严密的公共卫生安全防控屏障。国家坚持预防为主,加强突发公共卫生事件应急处置能力，建成了全球最大的传染病疫情和突发公共卫生事件监测网，组建了一支水平高、能力强的应急防控队伍，能够有效应对各种重大突发疫情。中国公共卫生整体实力和疾病防控能力上了一个大台阶，卫生应急救援水平走在世界前列。

（三）城乡医疗卫生设施建设长足进步，卫生从业人员队伍不断成长

城乡医疗卫生设施建设是国家医疗卫生体系实现自身目标的物质基础。改革开放四十年来，中国城乡医疗卫生设施建设取得长足进步。

一是卫生机构经过不断的改革、调整、完善，总量总体增加，医疗卫生服务能力增强。从1978年到2017年，全国医疗卫生机构总数从169732个增加到986649个。分类型看，医院数量保持稳定增长态势，2017年达到31056个，比1978年增加21763个，增长2.34倍。基层医疗卫生机构数量一度过于膨胀，2000年多达100万余个，在改革过程中对基层医疗卫生机构进行了调整，到2005年减少为849488个，此后除个别年份实现逐年有序增长，到2017年恢复到933024个。专业公共卫生机构在2014年以前呈逐年增长趋势，到2014年达到35029个，比2000年增加23643个。此后国家加强了专业公共卫生机构的调整，到2017年，专业公共卫生机构减少为19896个，比2014年减少15133个，数量减少了，但专业公共卫生服务能力则大大增强了。

二是医疗卫生机构床位数随着国家经济社会的发展不断增加，提高了医疗卫生机构的接纳能力（见图6.1）。从床位总数来看，2017年，全部医疗卫生机构拥有床位数约794万张，比1978年的204.2万

张增加589.8万张,增加了2.89倍。医院的床位数量同样逐年增长,2017年达到约612万张,比1978年增加约502万张,增幅达到5.56倍,远远快于医疗卫生机构床位总量的增长幅度。基层医疗卫生机构床位数也有显著增长,2017年达到152.85万张,比2000年的76.65万张增加76.2万张,增幅为99.4%。

图6.1 中国医疗卫生机构床位数变动趋势

资料来源:《中国统计年鉴2018》。

三是卫生人员队伍规模扩大、素质提高。2017年,全国有卫生人员总计11748972人,比1978年增加3865931人,增幅约为49%。其中,卫生技术人员数、其他技术人员数和工勤技能人员都呈较为明显的增长趋势,从1978年到2017年,卫生技术人数增长2.65倍,其他技术人员数增长18.8倍,工勤技能人员数增长1.59倍,管理人员增长71%;乡村医生和卫生员人数则呈减少趋势,即从1978年的4777469人减少到2017年的968611人,减幅达到80%。另外,医疗卫生人员的学历结构大大改善。2017年,医院人员中拥有大专及以上学历的人数占总人数的78%,中专毕业者占20.9%,高中及以下学历人员占

1.1%。乡镇卫生院、农村医务室等机构从业人员的学历结构也有实质性的改善。

概括地说，中国医疗卫生事业的飞速发展，是一个从"赤脚医生"到"业内专家"、从"乡村诊所"到"专业医院"的巨变过程，取得了举世瞩目的伟大成就。

除了医疗卫生机构、医疗卫生机构床位数以及卫生人员数的大发展外，医疗卫生设备也经历了巨大的进步。对于基层医疗卫生机构来，直到改革开放初期，最常用的医疗卫生设备就是听诊器、血压计、体温表"老三样"；到了今天，至少在县级医疗卫生机构里，像B超、螺旋CT、血气分析仪等现代化诊疗设备也是常见配备。

在整体医疗卫生事业不断取得进步的同时，国家也加大力度推动医疗卫生事业质量的提升。首先，近年来，国家有关部门不断完善政府监管、机构自治、行业自律、社会参与的医疗质量管理多元共治机制，通过强化制度保障、健全规范标准、完善质控体系、科学精细指导和推进质量公开等具体举措，提升医疗质量管理的科学化、专业化和精细化水平。其次，近年来，国家卫生部门从医疗服务供给侧改革入手，不断加大资金投入，努力提升以医疗技术水平为核心的专科服务能力，增加优质医疗资源总量，打造了一批综合实力强、技术优势明显的"国家队"，发挥行业的示范、引领、带动作用；同时加大对基层和中西部地区支持倾斜力度，平衡优质资源区域布局，通过专科建设发挥横向联动、纵向带动作用，提升了常见病、多发疾病和重大疾病诊疗能力。仅"十二五"期间，国家财政就累计投入60亿元，支持了79个专业、314家医院的1231个临床重点专科建设。各省也加大了省域内和县级医疗机构临床专科建设的投入力度。

2017年，国际著名医学期刊《柳叶刀》发布的全球最新医疗质量和可及性排名结果显示，从1990年至2015年，中国是医疗质量进步幅度最大的国家。2018年,《柳叶刀》在此发布新的全球HAQ排名,中国HAQ排名从2015年的全球第60上升到了2016年的第48,一年间又上升了12位。从中国医疗质量连续两年的排名可以看出,中国的医疗技术能力和医疗质量水平提升成绩已经获得国际广泛认可。

(四)医疗卫生公共服务供给更加充分,医疗卫生保障更加完善

医疗卫生公共服务供给增长,一般体现为就医人数的增长。2017年全国医疗卫生机构总诊疗人次数为81.8亿人次,比2016年增加3.2%;出院人次数约为2.44亿人次,比2016年增加7.5%。2017年,入院人数达24436万人,医师日均担负诊疗8.16人次,实际开放总床日数约27.5亿日,平均开放床752万张,病床周转次数32.3次,病床工作日291.0日,病床使用率79.7%,入院病人平均住院日8.6日。另外,2017年城乡居民人均接受诊疗服务5.90次,有4.19亿人接受健康检查。

医疗卫生保障制度日益完善,保障水平不断提高。1998年,国务院发布《关于建立城镇职工基本医疗保险制度的决定》,在全国范围全面进行职工医疗保障制度改革。2007年印发的《国务院关于开展城镇居民基本医疗保险试点的指导意见》,开始在全国城镇建立城镇居民医疗保险制度。2002年,国家明确提出各级政府要积极引导农民建立以大病统筹为主的新型农村合作医疗制度,到2009年,国家做出深化医药卫生体制改革的重要战略部署,确立新农合作为农村基本医疗保障制度的地位。大体上,到2009年,中国覆盖城乡的医疗保险制度基本建成。2003年年底,参加新农合人口为0.8亿人。2008年,新农合制度实现了全覆盖;城镇职工基本医保、城镇居民基本医保制度覆盖率达到87%。2017年,农村新型合作医疗制度、城镇居民基本

医疗保险制度和城镇职工基本医疗保险本制度等三项基本医保制度参保人数超过13亿，参保率稳固在95%以上。另外，考虑到城乡居民大病治疗承受压力大，从2012年起，中国开始试点城乡居民大病保险制度，截止到2013年，新农合大病保障范围已有20余种。到2016年年底，城乡居民大病保险全面推开，实现全覆盖，目前已覆盖10.5亿城乡居民基本医保参保人。

为了确保城乡居民一块来保险制度有效运行，国家不断加大医疗保险补助力度，提高补助水平。城乡合作医疗保险的政府补助标准从2009年的每人每年80元增加到2017年的450元。医疗补助标准及住院费用报销比例不断提升，新农合及城镇居民基本医保人均补助标准已经提高到280元，政策范围内住院所花费费用报销比例分别约为75%、70%。

为了让贫困人口"看得上病、看得起病、看得好病"，2016年以来，中国对贫困人口实行倾斜性医疗保障政策，新农合大病保险起付线降低50%，政策范围内住院费用报销比例提高5个百分点以上；对贫困人口采取特殊医疗保障措施，2017年全国贫困人口医疗费用个人自付比例平均为16%，比2016年下降了27个百分点。实施精准脱贫战略以来，在核准农村贫困人口因病致贫、因病返贫情况的基础上，按照大病集中救治一批、慢病签约服务管理一批、重病兜底保障一批的原则，精准施策、分类救治，有效减少了因病致贫、因病返贫人口，健康扶贫取得阶段性进展。到2017年，全国已有581万因病致贫返贫户实现脱贫，脱贫进度与全国建档立卡贫困户的整体脱贫进度基本同步。

中国的医保制度发展取得的成就，得到了国际上的高度评价，2018年权威医学期刊《柳叶刀》称赞中国医疗保障体系的发展令世人瞩目，值得他国借鉴。

（五）城乡居民医疗负担持续下降，人民健康状况不断改善

改革开放四十年来，中国公共医疗卫生支出规模不断扩大，占国内生产总值的比重逐年上升。1978年，全国医疗卫生支出占GDP的比例为3%，1988年为3.2%，1998年为4.3%，2008年为4.5%，2017年为6.2%。随着政府、社会对医疗卫生投入的持续增长，中国卫生总费用结构不断优化。2001年以来，个人卫生支出占卫生总费用的比重持续下降，2001年为60.0%，2017年降至28.8%。

作为衡量一个国家居民健康水平和医疗水平的重要指标，中国婴儿死亡率、孕产妇死亡率大幅下降，平均预期寿命明显延长。婴儿死亡率从1982年的34.7‰，下降到2017年的6.8‰。孕产妇死亡率从1991年的80/10万，下降到2017年的19.6/10万。人口平均预期寿命从1981年的67.8岁，上升到2017年的76.7岁，不到40年时间提高了将近10岁。

七

社会保障和救助体系迈向城乡统筹的根本性转变

社会保障和社会救助不仅是为广大人民群众提供政策托底保障的主要方式,也是促进社会公平正义的主要途径。改革开放以来,随着国民经济的发展和社会主义市场经济体系的建立,建立健全现代社会保障体系和社会救助体系成为一项重要的社会民生事业。改革传统社会保障和救助体制,建立新型的与社会主义市场经济体制相适应的现代社会保障和救助体制,是党和国家一直高度关注的重要工作。改革开放四十年特别是党的十八大以来,中国社会保障体系建设取得举世瞩目的成就,实现了由城镇职工的"单位保障"向统筹城乡的"社会保障"根本性转变,覆盖城乡居民的多层次社会保障体系基本建立,民生保障网不断织密扎牢,走出一条中国特色的社会保障道路,积累了宝贵经验。特别强调的是,在保障和改善民生、促进社会公平正义方面,不断进步的社会保障和救助体系发挥着越来越重要的作用。

（一）中国社会保障和救助体制改革历程与成效

新中国成立以来，中国建立了针对"五保户"的生存保障、针对城乡居民的初级卫生保障和针对国有企事业单位职工的就业保障制度。1978 年之后，中国社会保障制度进入了以改革促发展的新时期。20 世纪 80 年代初是中国改革开放的启动期，也是传统保障制度功能日益弱化、新型社会保障体系尚未发展建立的过渡期。从 80 年代后期到 1997 年亚洲金融危机爆发的 10 年间，则是中国确立建立社会主义市场经济体制改革目标、建立新型社会保障制度的改革探索期。

在这一时期，中国社会保障制度进行了形式多样、内容广泛、制度创新的地方性改革试点，为确立社会统筹与个人账户相结合的社会保险制度模式、建立面向社会低收入群体的最低生活保障制度积累了实践经验。从 1997 年 8 月国务院颁布建立统一的企业职工基本养老保险制度到 2012 年 11 月党的十八大，是中国现代社会保障制度的快速发展期，基本建立起以城镇职工社会保险制度为主体、以最低生活保障等社会救助制度为基础、以社会福利服务为目标的社会保障制度体系，基本实现了社会保障制度的全覆盖。党的十八大以来，以习近平同志为核心的党中央高度重视社会保障工作，以增强公平性、适应流动性、保证可持续性为重点，做出一系列重大决策部署，推动社会保障事业取得历史性成就，全国社会保障制度和公共服务发展进入巩固提高期，社会保险制度的城乡统筹、制度整合速度加快，制度框架和待遇水平的公平性进一步提升；在精准扶贫、脱贫攻坚的过程中，以最低生活保障制度为核心的社会救助体系的兜底保障功能也进一步强化，为实现 2020 年决胜全面建成小康社会奠定坚实基础。

在社会保障体系建设和发展方面，从 20 世纪 80 年代探索企业职工退休费用社会统筹,到相继建立养老、医疗、失业、工伤、生育保险制度,制度框架基本形成。颁布《社会保险法》,制定《失业保险条例》《社会保险费征缴暂行条例》《工伤保险条例》,出台一系列配套规章,社会保障法律法规体系不断健全。特别是党的十八大以来,社会保障制度建设取得突破性进展,全面建立起统一的城乡居民基本养老、医疗保险制度,普遍实施机关事业单位养老保险制度,启动养老保险基金投资运营和基金中央调剂,全面实施大病保险制度,积极开展长期护理保险制度试点,制度的公平性和可持续性进一步增强。经过不懈努力,中国社会保障制度实现了从企业单位保障到社会保障,从企业单一责任到国家、单位和个人三方责任共担,从城镇到农村,从城镇职工到城乡居民的重大转变,建立了"独立于用人单位之外,资金来源多元化、保障制度规范化、管理服务社会化"的现代社会保障制度,形成了一套与社会主义市场经济体制相适应的制度体系。

社会救助乃中国历史上最为久远的一项社会保障制度,也是一项保民生、托底线、促公平的制度性安排。改革开放以来,中国社会救助事业的改革取得巨大进步,初步建立起多元化的救助制度体系。其中最为核心的是城乡最低生活保障制度的建立。1993年,上海市借鉴国际社会设立贫困线的做法,探索实行最低生活保障线救助制度,掀开中国现代社会救助领域改革的新篇章。1997年9月下发了《国务院关于在全国建立城市居民最低生活保障制度的通知》;1999年9月28日,国务院正式颁布《城市居民最低生活保障条例》,标志着中国城市居民最低生活保障制度正式走上法制化轨道。至1999年9月底,全国668个城市和1638个县政府所在地的建制镇全面建立最低生活保障制度。

农村居民最低生活保障制度试点工作于1992年在山东省阳泉市率先开始。1996年12月,民政部办公厅印发《关于加快农村社会保障体系建设的意见》和《农村社会保障体系建设指导方案》，推动全国建立农村最低生活保障制度工作在全国开展起来。到 2002 年，全国绝大多数省份都不同程度地实施农村居民最低生活保障制度。其后经过多年的探索的经验总结，2007 年 7 月 11 日印发的《国务院关于在全国建立农村最低生活保障制度的通知》，对建立农村最低生活保障制度的目标和总体要求、标准和对象范围、规范管理方式、落实保障资金等主要方面进行了明确的规定。至此，农村最低生活保障制度进入全面实施的新阶段。到 2007 年 9 月底，全国 31 个省（区、市），2777 个涉农县（市、区）已全部建立农村最低生活保障制度。

同一时期，城乡医疗救助、教育救助和住房救助等专项制度得到重视和发展，其他临时救助救济制度安排也不断地完善。党的十八大以来，国家进一步完善和整合社会救助体系，2014 年 2 月，国务院颁布了《社会救助暂行办法》。这是第一次以行政法规形式来规定最低生活保障、特困人员供养、受灾人员救助、医疗救助、教育救助、住房救助、就业救助、临时救助等八项社会救助制度，构建了一个民政统筹、分工负责、相互衔接，政府救助和社会力量参与相结合，具有中国特色的社会救助体系。

（二）社会保障和救助覆盖范围持续扩大，逐步实现应保尽保

1993 年，党的十四届三中全会提出建立多层次的社会保障体系。当年参加退休费用社会统筹的人数 8964 万人，参加失业、工伤、生育保险的人数分别为 7924 万人、1100 万人和 550 万人，参加医疗费用社会统筹的仅 540 万人，大多数劳动者还不能充分享有各项社会保障。随着改革的不断推进，参保人数逐年增多，覆盖范围越来越广。特别是党的十八大以来，坚持把社会保障全民覆盖作为全面建成小康

社会的新要求，实施全民参保计划，各项社会保障的覆盖人数迅速增加。目前，中国养老保险覆盖人数已经超过9.25亿人，基本医疗保险覆盖人数已经超过13.5亿人，基本实现全民参保。失业、工伤、生育保险的参保人数均达到2亿人左右，覆盖了绝大多数职业群体。同时，集中力量解决了关闭破产国有企业退休人员参加医保、"老工伤"待遇和集体企业退休人员、"五七工"、"家属工"、农垦职工等群体参加养老保险等一批历史遗留问题。中国在社会保障扩大覆盖面方面取得的巨大成就得到了国际社会的高度评价，国际社会保障协会授予中国政府"社会保障杰出成就奖"。

社会救助事业的发展，经历了救助覆盖面不断扩大，直到实现应保尽保的目标。以最低生活保障为例（见图7.1），2007~2009年，城镇居民最低生活保障人数从2272.1万人增加到2345.6万人。此后，随着低保人员收入水平的提高，部分低保人员退出低保制度，到2017年享受低保待遇的城镇低保人员减少到1261万人。农村居民最低生

年份	城镇居民最低生活保障人数（万人）	农村居民最低生活保障人数（万人）
2007	2272.1	3566.3
2008	2334.8	4305.5
2009	2345.6	4760
2010	2310.5	5214
2011	2276.8	5305.7
2012	2143.5	5344.5
2013	2064	5388
2014	1877	5207
2015	1701.1	4903.6
2016	1480.2	4586.5
2017	1261	4045.2

图7.1 城乡居民最低生活保障人数变动趋势

资料来源：《中国统计年鉴2018》。

活保障人数则从 2007 年的 3566.3 万人增加到 2013 年的 5388 万人，从 2014 年起开始减少，到 2017 年减少到 4045.2 万人。无论低保人数是增是减，总的来说都是贯彻国家的应保尽保原则的反映。

（三）社会保障和救助的财政投入不断增加，待遇水平稳步提高

随着国家社会保障制度改革的深化和现代社会保障体系的建立与不断完善，国家不断加大社会保障投入力度。2000 年，国家一般公共预算支出中的社会保障和就业支出为 1517.9 亿元（其中主体部分是社会保障支出），占当年国家一般公共预算支出总额的 9.55%；2007 年增长至 5447.16 亿元，比 2000 年名义增长 2.59 倍，占当年国家一般公共预算支出总额的 10.9%；到 2017 年，国家社会保障和就业支出再次大幅增长到 24812.4 亿元，比 2007 年名义增长 3.56 倍，比 2000 年名义增长 15.35 倍，占当年国家一般公共预算支出总额的 12.2%。

投入的增加推动了城乡居民社会保障待遇水平的提高。例如，企业退休人员基本养老金自 2005 年到 2018 年连续 14 年上调，从 2005 年的人均每月 714 元提高到 2012 年的月人均 1721 元；此后，国家每年年初出台企业退休人员待遇调整指标，2013~2015 年的调整幅度均为在上年基础上提高 10%，2016 年提高 6.5%，2017 年提高 5.5%，2018 年提高 5% 左右。

城乡居民养老保险基础养老金最低标准也持续提高。2009 年中国开始开展新型农村社会养老保险制度试点，2011 年开始开展城镇居民社会养老保险制度试点，2014 年两项制度合并实施，中国开始建立统一的城乡居民基本养老保险制度。截至 2017 年 12 月底，城乡居民基本养老保险参保人数 51255 万人，其中，领取待遇人数 15598 万人，月人均待遇 125 元。2008 年，国家再次提高城乡居民基本养老金最低

标准，从上年的月人均70元增加到88元。城乡居民基本养老保险制度已成为我国社会保障体系的重要组成部分，在改善城乡老年居民生活、调节城乡收入分配、促进城乡经济社会发展、巩固党的基层执政基础等方面发挥了积极作用。城乡居民医保财政补助标准从2007年人均40元增长到2018年的490元。社会保障待遇水平的稳步提高，保障了参保人员的基本生活，让人民群众分享了经济社会发展的成果。

国家投入社会救助的财力随着经济社会发展而不断增长，社会救助待遇水平相应地水涨船高。统计数据显示，国家用于农村社会最低生活保障的投入，从2006年的43.49亿元大幅度增加到2017年的1051.8亿元，年均名义增长率达到35.9%；保障标准从2006年每人每年850.8元增加到4300.7元，年均名义增长16.0%；人均补差从2006年的414元增加到2017年的2600元，年均名义增长18.8%。城镇低保财政投入随着低保人数的变化而变化。2014年之前，城镇低保金的财政投入逐年递增，2007~2013年，以年均接近20%的速度递增，2013年达到756.7亿元。从2014年开始，由于城镇人员数量减少，城镇低保财政投入才逐年递减，但到2017年仍有640.5亿元。从低保标准来看，2006年全国城镇低保平均标准为每人每月169.6元，到2010年增长为每人每月251.2元，是2006年的1.5倍，年均名义增长10.3%。2011年城市低保平均标准为每人每月287.6元，2015年的平均标准为每人每月4511元，是2011年的1.6倍，年均名义增长12.4%。2016年和2017年全国城镇低保平均标准分别为每人每月494.6元和540.6元，分别比上年名义增长9.6%和9.3%。城市低保人均补差额度也逐年增长。2006年人均补差为每人每月83.6元，2017年增加到每人每月356.2元，比2006年名义增长3.13倍。

八

交通通信事业实现跨越式发展

交通通信事业的发展事关广大人民群众的出行质量和与外部交流的信息畅通程度，既是重要的经济发展领域，也是重要的民生发展领域。改革开放以来，中国交通通信事业以前所未有的速度发展，有效地满足了广大人民群众日益增长的出行和信息传递需要。

（一）综合交通运输网络连上台阶，立体交通出行网络已经形成

改革开放四十年，中国交通运输和邮电通信业实现持续快速健康发展，取得了举世瞩目的成就。尤其是党的十八大以来，在以习近平同志为核心的党中央坚强领导下，中国交通运输领域不断深化改革，交通运输基础设施和装备技术实现跨越式发展，服务能力和水平大幅提升，成为国民经济快速发展的强有力支撑。信息通信技术及应用成果不断涌现，邮政新业务发展壮大，在为经济发展注入强大动能的同时，也为民生发展和生活质量提升奠定了良好的基础。

改革开放以来，国家高度重视交通运输业在国民经济发展中的战略地位，不断加大交通基础设施投资力度，加快综合交通体系建设步伐，交通运输业实现了持续快速发展，取得丰硕成果。改革开放四十

年来，交通运输综合基础设施加速成网，客货运输总量规模迅速扩大，运输保障能力显著提升，行业科技创新水平日新月异，中国已成为名副其实的交通大国，并开启向交通强国迈进的新征程。

1. 高铁线路密集成网

改革开放初期，中国铁路营业里程只有5.17万公里，普遍运行的绿皮车平均时速不到40公里，铁路运输能力严重落后。改革开放以来，中国铁路运输网络不断扩张，尤其是2008年京津高铁的开通运营标志着中国铁路开始迈入高铁时代，随后高铁建设突飞猛进。经过近十年的快速建设，伴随着几十条高铁线路的相继开通，"四纵四横"高铁网基本成型，中国成为世界上唯一高铁成网运行的国家。到2017年年末，全国铁路营业总里程达到12.70万公里，较1978年增长145.6%，年均增长2.3%。其中，高铁2.52万公里，占铁路营业总里程的19.8%，占世界高铁总里程的66.3%，居世界第一位；电气化铁路里程8.66万公里，复线铁路里程7.18万公里，电气化率和复线率分别达到68.2%和56.5%，分居世界第一和第二。高铁在极大地便利人们出行的同时，也为沿途城市的经济生活圈注入生机活力，因便捷的高铁网而形成的以北京为中心的京津冀经济圈、以上海为中心的长三角经济圈、以广州和深圳为中心的珠三角经济圈等为促进区域资源共享、产业合理布局和经济协调发展发挥了重要带动作用。

2. 高速公路建设突飞猛进

改革开放初期，中国公路里程短、质量差，公路里程仅89.02万公里，每百平方公里的公路密度只有9.27公里，严重制约了国民经济的发展。改革开放后，国家持续加大公路基础设施建设投资力度，公路总里程迅猛增长，公路运输网络通达度显著提高。到2017年年末，全国公路总里程达到477.35万公里，是1978年的5.4倍，年均增长4.4%；公路密度达到49.72公里/百平方公里，每百平方公里公路密度提高了40.45公里。自1988年中国第一条高速公路沪嘉公路建成通车以来，高速公路更是呈现蓬勃发展态势，实现从无到有到覆盖成网的跨越式发展。到2017年年末，高速公路总里程13.64万公里，远高于1988年的147公里，年均增长26.6%，总里程居世界第一位，覆盖97%的20万以上人口城市及地级行政中心。

3. 民航面貌焕然一新

1978年，中国民航仅有162条短程航线、70个机场，民航航线里程14.89万公里。经过改革开放四十年的持续健康发展，中国航空运输基础设施建设提质增速，民航机场体系渐具规模，航线网络覆盖率大幅提高，航空运输保障能力快速提升。到2017年年末，定期航班航线总条数达4418条，航线里程748.30万公里，改革开放四十年年均增长10.6%。其中，国内航线3615条，航线里程423.72万公里；国际航线803条，航线里程324.59万公里。到2017年年末，定期航班通航机场228个，是1978年的3倍多，服务覆盖全国88.5%的地市、76.5%的县，初步形成以国际枢纽机场为中心，以区域枢纽机场为骨干，其他干、支线机场相互配合的格局；定期航班国内通航城市224个，国际定期航班通航60个国家的158个城市。

（二）交通运输服务能力显著提升，城乡居民出行方式跨越式发展

1. 交通运输设备更新换代

改革开放四十年，中国交通运输设备得到长足发展，实现量质齐升。到2017年年末，全国铁路拥有机车2.14万台，是1978年的2.1倍，其中电力机车占比59.9%，比1978年提高57.8个百分点；民用汽车保有量2.09亿辆，是1978年的154倍；民用飞机由1985年的404架增至2017年的5593架。在数量激增的同时，各类运输设备也

在不断更新换代，向高质量、多功能、高科技方面发展。铁路运输历经六次大提速，开启高速牵引时代，具有完全自主知识产权、达到世界先进水平的中国标准动车组列车"复兴号"时速达到350公里，2017年中国已拥有动车组2935标准组。新能源和清洁能源汽车在公交等领域逐步推广，绿色交通发展取得积极成效。民航运输飞机机型舒适度和安全性不断提高，2017年年末，民航全行业拥有大中型飞机3120架，占运输飞机总数的94.7%。

2. 交通运输量大幅增长

随着交通基础设施不断完善和运输设备升级换代，交通运输能力显著提升，带动旅客及货物运输量和周转量大幅增长。2017年，全国主要运输方式完成客运量184.86亿人次，旅客周转量32813亿人公里，是1978年的7.3倍和18.8倍，年均分别增长5.2%和7.8%。

3. 运输服务质量全面提升

随着互联网的快速发展，铁路客运互联网售票等信息化服务全面普及，全国已有29个省份、90%以上的二级道路客运站初步实现省域联网售票，190个地级以上城市初步实现交通一卡通互联互通。到2017年年末，全国有32个城市开通了轨道交通，开通线路149条，运营线路长度4484公里，定制公交、商务快巴、旅游专线、社区巴

图8.1 京沪线上增加新列车[新华社照片，1984-01-13，新华社记者夏道陵摄（传真照片）]

图8.2 17辆超长版时速350公里"复兴号"动车组亮相京沪高铁（新华社照片，2019-01-05，新华社记者方喆摄）

士等多元化交通服务覆盖城乡，更好地满足了人民群众的出行需求。

（三）通信业跨越式发展，居民通信生活质量跃居世界前列

伴随着改革开放的进程，中国通信业历经改革开放四十年的繁荣发展，无论是通信能力、电信用户规模，还是技术水平都实现跨越式

专栏

中国人交通出行方式变迁

——湖北恩施农村小伙子小张的亲身体验

"东西南北中，发财到广东"，20世纪80年代，小张决心到广东打工。从湖北恩施的乡村坐小巴，在土路上奔波3个小时达到县城，然后乘坐大巴经过一天一夜来到宜昌，再乘坐12小时的火车才到达工作的地方。从家到打工的地方需要四十多个小时，路费就要花掉半个月工资。所以小张基本上一年才回一次家，刚开始孩子都不认识他。小张这样的家庭代表着当时整个"打工族"，遥远的路途牵动的是"打工族"的心。

20世纪90年代，火车开始建设通车。虽说回家的时间缩短了，但是春运期间买票难，乘车难成为"打工族"的心病。一到春运，车站便拥挤不堪，人们带着大包小包的行李，拥挤在本就不大的候车厅。买到一张火车票也变得愈加困难，为了防止别人插队买票，民工们甚至会紧紧贴在一起，不敢去上厕所，一站就是好几个小时。能买到一张火车票，对他们来说便是最大的幸福。当时不仅仅是买票难，乘车也是困难重重，火车一到站，人们便会一窝蜂地往前冲，大家上车都是靠冲、靠抢、靠挤，甚至会爬窗上车，"十八般武艺"只为上到那一辆通往归家的火车。一列绿皮火车，没有空调，没有舒适的乘车环境，只有冰冷的硬座和拥挤的人群，回家的路，十分辛苦。

> 随着交通运输的发展，高铁开始进入寻常百姓生活中。买票难、乘车难的问题逐渐得到解决，火车票全面实行实名制购票时代开启，车站的骗子变少了；12306网站开通买票再不用排长队了，车站的黄牛变少了；车站购票窗口开设扫码支付业务，支付宝、微信支付让购票更加高效；而且高铁的乘车环境也更加舒适了。"现在，早上吃完早餐，打个的，半小时到车站，高铁九个小时到家，刚好赶上家里吃晚饭。"小张感慨地说，虽然依然在外打工，但是只要是逢年过节便常回家看看家人。交通的变化缩短的不仅仅是时间，缩短的更是和家人情感距离。
>
> 如今，人们可选择的交通工具越来越多，出行不再受风雨天气的影响，不再受距离的限制，高效的出行方式缩短了一座城市与另一座城市之间的距离，也拉近了人与人之间的沟通和交流。所以，出行上的巨大进步，带给人们更多的是生活中的幸福与满足，让人们享受到安全畅通的城市交通、高效便利的出行环境。

发展，已成为国民经济重要的基础性和先导性产业。移动电话的普及应用、宽带网络的技术革新、互联网经济的蓬勃发展，通信业的每一次发展变革都实实在在改变着人们的生活方式，也为中国经济发展注入崭新活力。

1. 通信基础设施突飞猛进，通信能力大幅提升

通信网络覆盖全国。改革开放四十年，中国通信业投资规模逐年加大，通信网络规模容量成倍扩张，已建成包括光纤、数字微波、卫星、程控交换、移动通信、数据通信等覆盖全国、通达世界的公用电信网。到2017年年末，中国固定长途电话交换机容量达到602.6万路端，局用交换机容量18414.0万门，分别是1978年的3235倍和45.4倍，年均分别增长23.0%和10.3%；移动交换机容量由1990年的5.1

万户猛增至 2017 年的 242185.8 万户，年均增速高达 49.0%；光缆线路长度由 1997 年的 55.7 万公里增至 2017 年的 3747.4 万公里，年均增长 23.4%；互联网宽带接入端口由 2003 年的 1802.3 万个增至 2017 年的 7.8 亿个，年均增长 30.9%。

通信技术不断突破创新。改革开放以来，中国通信技术高速发展，固网通信和移动通信等领域不断创新，很多技术实现从空白到领先的跨越式发展。光通信方面，光纤宽带加快普及，光纤入户已成为城市家庭"标配"，光纤接入（FTTH/O）用户总数达到 2.94 亿户；移动通信领域，中国经历了 1G 空白、2G 跟随、3G 突破、4G 同步、5G 引领的崛起历程。中国自主研发的 4G 技术标准 TD-LTE 被国际电联确定为 4G 国际标准之一，中国 4G 网络覆盖不断深入，速率持续提升，已建成全球规模最大的 4G 网络。到 2017 年年末，4G 用户总数达到 9.97 亿户，4G 用户在全部移动电话用户中的占比已达到 70.3%。5G 时代无论是标准制定还是实验进程，中国都走在世界前列。

2. 电信用户规模不断壮大，业务量快速增长

电信用户规模持续壮大。1978 年，中国固定电话用户总数只有 192.54 万户；1987 年移动电话开始出现之后用户规模迅猛增长，2003 年移动电话用户数已经超过固定电话用户数。到 2017 年年末，全国电话用户规模达 16.11 亿户，用户规模居世界第一。其中，固定电话用户数 1.94 亿户，是 1978 年的 101 倍，年均增长 12.6%；移动电话用户数 14.17 亿户，是 1988 年的 47.25 万倍，年均增长 56.9%。全国固定电话普及率由 1978 年的 0.4 部/百人提高到 2017 年的 14.0 部/百人；移动电话普及率由 1995 年的 0.3 部/百人提高到 2017 年的 102.5 部/百人。

3. 网民规模持续攀升，互联网经济迸发活力

互联网用户爆发式增长。到 2017 年年末，中国移动、中国联通

和中国电信三家基础电信企业的固定互联网宽带接入用户总数达 3.49 亿户，其中，100Mbps 及以上接入速率的固定互联网宽带接入用户总数达 1.35 亿户，占总用户数的 38.9%；移动宽带用户（3G 和 4G 用户）总数达 11.32 亿户，占移动电话用户的 79.8%；中国互联网上网人数由 1997 年的 62 万人激增至 2017 年的 7.72 亿人，年均增长 42.8%；中国互联网普及率达到 55.8%，超过全球平均水平 4.1 个百分点，超过亚洲平均水平 9.1 个百分点。

九

城乡社区生活设施和生活环境日益完善美好

城乡社区是城乡居民日常生活的主要公共空间，社区生活设施和环境状况，是影响城乡居民生活质量的重要因素。改革开放以来，中国城乡社区生活设施建设不断取得重大进展，社区生活环境明显改善，提高了城乡居民的生活质量。此外，公园、图书馆、展览馆、文化馆、体育馆等也是城乡居民公共生活的重要场所。

（一）城镇居民生活设施建设成就显著，生活环境不断改善

改革开放以来，随着城市经济的快速发展，城市建设力度不断加大，投入持续增加，基础设施明显改善，人民群众生活更加便利。

1. 基础设施建设力度不断加大

2016年，中国城市维护建设资金支出13833亿元，而1978年仅有17亿元；城市市政公用设施建设固定资产投资17460亿元，而1978年仅有12亿元；地级以上城市交通运输支出达3672亿元，比2012年增加1423亿元，增长38.8%。公共交通建设成就卓著。2016

年年末，中国城市道路长度38.2万公里，而1978年末只有2.7万公里；城市道路面积75.4亿平方米，而1978年年末仅有2.3亿平方米。轨道交通建设有了突飞猛进的发展。1978年年末，中国仅北京有轨道交通，线路总长度23.6公里。到2017年年末，有32个城市开通了轨道交通，车站3040个，运营线路达149条，运营线路总长度达4484公里。传统公共交通和智能交通融合发展。2016年年末，地级以上城市实有公共汽（电）车营运车辆47.7万辆，出租车95.4万辆，而1978年末全部城市公共汽（电）车拥有量只有1.7万辆。2016年，地级以上城市公共汽（电）车客运总量627亿人次，而1978年全部城市客运人数只有132亿人次。

水、电、气等生活资料供应充足。2016年年末，中国城市用水普及率98.4%，比1978年末提高16.8个百分点；燃气普及率95.8%，提高81.4个百分点。全年城市供水总量581亿吨，比1978年增加502亿吨，增长6.4倍；供气总量（人工煤气和天然气）1216亿立方米，而1978年仅有24亿立方米。2016年，地级以上城市全社会用电量29146亿千瓦时，其中，居民生活用电4129亿千瓦时。而1978年，全部城市用电量只有1851亿千瓦时。其中，市政生活用电量也只有172亿千瓦时。

2. 城市美丽宜居建设开创新局面

近年来，"绿水青山就是金山银山"的观念深入人心，城市的宜居性和城市发展的可持续性不断提升，城市文明程度快速提高，城市生活更加美好。

生态建设持续加强。2016年，《生态文明建设目标评价考核办法》《生态文明建设考核目标体系》和《绿色发展指标体系》相继出台，从制度上保障了中国城市生态文明建设的有序规范推进。环境保护投入不断增加。2016年，地级以上城市节能环保支出达到2192亿元，比 2012 年增加 983 亿元，增长 81.3%。城市园林绿化和市容环境卫生固定资产投资从无到有，2016 年分别达到 1670 亿元和 445 亿元。环境治理力度持续加大。2016 年，城市污水处理率达到 93.4%，比 2000 年提高 59.1 个百分点；生活垃圾无害化处理率 96.6%，比 2000 年提高 38.4 个百分点。地级以上城市工业废水排放量（全市）191 亿吨，比 2012 年下降 32.0%；工业二氧化硫排放量（全市）710 万吨，下降 58.6%，下降趋势十分明显。2016 年年末，城市排水管道长度 57.7 万公里，而 1978 年年末仅有 2.0 万公里。2016 年城市用水普及率 98.4%，比 2000 年提高 34.5 个百分点。2016 年城市燃气普及率 95.8%，比 2000 年提高 50.4 个百分点。2016 年城市建成区绿地率为 36.4%，比 2000 年提高 12.7 个百分点。2016 年城市集中供热面积 73.9 亿平方米，比 2000 年增长 5.7 倍。

人居环境更加优美，城市环境不断改善。2016 年年末，中国城市公园绿地面积 65.4 万公顷，而 1981 年末只有 2.2 万公顷；人均公园绿地面积 13.7 平方米，而 1981 年末只有 1.5 平方米。公园已经成为城镇居民公共生活的最重要空间，从清晨到傍晚，从青少年到老年人，络绎不绝，到公园里散步、休憩、娱乐、锻炼身体。

城市建成区绿化覆盖率为 40.3%，比 1986 年年末提高 23.4 个百分点，年均提高 0.8 个百分点；城市建成区绿地率为 36.4%，比 1996 年年末提高 17.4 个百分点，年均提高 0.9 个百分点。"海绵城市"建设持续推进。2013 年，中央城镇化工作会议提出"海绵城市"的建设目标，并将其上升为国家战略。越来越多城市通过"海绵城市"建设，改造和治理境内水系和路网交通，就地消纳和利用降雨，提高了城市适应环境变化和应对自然灾害的能力。

（二）政府主导的城镇棚户区改造全面推进

棚户区是指国有土地上集中连片建设的，简易结构房屋较多、建筑密度较大、房屋使用年限较长、使用功能不全、基础设施简陋的区域。从20世纪50年代开始，作为老工业基地的东北地区聚集了大批国有企业，几十年间逐渐形成了一个个拥挤陈旧、基础设施不足的棚户区。全国其他地方城市也建设了类似的棚户区。改革开放后，经过一个时期的经济社会发展，具备了一定条件的地区一些地方开始着手改造棚户区。据估计，中国城市居民生活在棚户区的人数，一度达8000多万人。

改革开放后，一些地方的政府即开始着手改造棚户区，但因经济实力不足，地方政府的棚改收效不大，受惠人数有限。进入20世纪90年代，一些地方的国有企业曾经出资改造了少量棚户；一些地方的政府也开始引导市场主体参与棚户区改造，但是按照市场方式建起来的新房，价格超出棚户区居民的承受能力。进入21世纪，国民经济社会快速发展二三十年，国家逐步具备一定的实力，有条件启动由政府主导的、有全盘计划的城市棚户区改造工程。2005年4月，辽宁省抚顺市莫地沟棚户区开始动迁改造，中国城市棚户区改造拉开序幕。

2008年11月，中央出台扩大内需十项措施，棚户区改造被正式纳入城镇保障性安居工程，正式拉开了全国实施城市和国有工矿、国有林区棚户区（危旧房）、国有垦区危房、煤矿棚户区改造的大幕。2008年国家制定的四万亿元投资计划中，有4000亿元投向了保障性安居工程，用于廉租房以及林区、垦区和煤矿棚户区改造。此后，棚改作为一项重大的民生工程，年年都在政府工作的年度重要任务之列，每年棚改的总量都在数百万户，2008~2012年全国改造各类棚户区 1260 万户，有效改善了部分困难群众住房条件，这也为棚改进一步深入开展打下了基础。

2013 年，十二届全国人大一次会议决定，今后 5 年改造城市和国有工矿、林区、垦区的各类棚户区 1000 万户，棚改力度持续加大。同年 7 月，《国务院关于加快棚户区改造工作的意见》提出，全面推进各类棚户区改造，在加快推进集中成片城市棚户区改造的基础上，将非集中连片棚户区、城中村改造统一纳入城市棚改范围。该意见要求加大各项政策支持力度，例如在资金来源方面，除了中央加大对棚改的补助，对财政困难地区予以倾斜，也要求省级政府相应加大补助力度，市、县政府可以从城市维护建设税、城镇公用事业附加、城市基础设施配套费、土地出让收入等渠道中，安排资金用于棚户区改造支出。

截至 2017 年年底，全国累计开工改造林区棚户区 166 万套、垦区危房 238 万套、国有工矿棚户区 305 万套。2013~2017 年，全国棚改完成投资约 6 万亿元。

2015 年国务院提出了棚改三年行动计划，2015~2017 年要开工改造 1800 万套，2015~2017 年完成棚户区改造 1800 万套。2017 年 5 月国务院常务会议已经决定启动新的三年棚改攻坚计划，2018~2020 年将改造各类棚户区 1500 万套，2018 年开工 580 万套，并要求在商品住房库存量大、市场房源充足的市县，进一步提高货币化安置比例；加大公租房保障力度，对低收入住房困难家庭要应保尽保，将符合条件的新就业无房职工、外来务工人员纳入保障范围。坚持房子是用来住的、不是用来炒的定位，落实地方主体责任，继续实行差别化调控，建立健全长效机制，促进房地产市场平稳健康发展。支持居民自住购房需求，培育住房租赁市场，发展共有产权住房。加快建立多主体供给、多渠道保障、租购并举的住房制度，让广大人民群众早日实现安居宜居。

（三）农村建设成效显著，乡村面貌和环境焕然一新

国家加大农村基础设施投资力度，大力推进农村环境整治，农村水、电、路、气、房等基础设施条件明显改善，美丽宜居乡村建设稳步推进，农村面貌和环境明显改善。

1. 农村基础设施投入加大，交通通信状况明显改善

国家统筹城乡发展，着力加强农村基础设施建设，农村基础设施明显改善。第三次全国农业普查结果显示：2016年年末，全国通公路的村（包括村委会和涉农居委会，下同）占全部村的比重是99.3%，与十年前第二次全国农业普查相比，提高3.8个百分点；全国通电的村占全部村的比重是99.7%，比十年前提高1个百分点；全国通电话的村占全部村的比重是99.5%，比十年前提高1.9个百分点；全国安装有线电视的村占全部村的比重是82.8%，比十年前提高25.4个百分点；全国接近九成的村通宽带互联网，全国超过1/4的村有电子商务配送站点。

2. 农村环境整治取得新成效，乡村更加美丽宜居

国家积极推进美丽宜居乡村建设，将美丽宜居乡村建设作为推进生态文明建设和深化社会主义新农村建设的重点工程来抓。开展自然环境生态保护，大力整治农村环境，农村脏、乱、差状况明显好转，农村人居环境显著改善。据统计，2016年，全国建制镇用水普及率为83.9%，污水处理率为52.6%，生活垃圾无害化处理率为46.9%。全国乡用水普及率为71.9%，污水处理率为11.4%，生活垃圾无害化处理率为17.0%。全国农村卫生厕所普及率为80.3%，比2000年提高35.5个百分点。改革创新乡村规划机制，提高乡村规划的科学性、覆盖率和实用性。

> **专栏**
>
> **实行农村垃圾分类，改善村庄生活环境**
> ——浙江金华市陆家村的经验
>
> 随着经济社会的发展，中国很多农村都出现垃圾围村、垃圾围坝等环境问题，严重影响农民的生产生活，亟待解决。习近平总书记曾在中央财经领导小组第十四次会议上强调，普遍推行垃圾分类制度，关系着13亿多人的生活环境改善，关系垃圾能不能减量化、资源化、无害化处理。
>
> 陆家村是浙江金华市内一个普通的村庄，村庄位于金华市金东区以东15公里。全村共有350户，共1000余人。村内大部分中老年人基本在家务农，大多数年轻人基本上白天在城内工作，晚上回村庄生活，过着"离土不离乡"的生活。2014年之前，陆家村只是简单地按照地方政府要求来进行农村垃圾的集中收集，并没有建立起严格的垃圾分类制度，所以，村庄的整体环境卫生情况并不令人满意。垃圾随意丢弃、生活污水横流、房前屋后卫生状况差等现象比较普遍，虽然不影响村民日常生产生活，却有碍村容村貌。与此同时，村民在村庄环境管理中没有主动的参与意识，认为村庄生活垃圾与生活污水治理应是地方政府和村干部的职责，缺乏进行生活垃圾分类与生活污水治理的行为。
>
> 陆家村最早是在2014年开始试点开展农村垃圾分类处理，村干部等地方精英发挥着重要作用。地方精英结合本村实际情况对政府垃圾分类制度进行转换，通过妇女、党员组织的领导，利用村集体经济建立奖惩机制，发挥社会关系的正面效用等来提高村民的环境意识与约束不合理的垃圾处理行为。经过两年多的摸索与实践，全村建立起比较完善的生活垃圾分类处理体系。按照垃圾分类的前端村民分类、中端分类运输及末端分类处理的全过程来看，陆家村村民按照村庄垃圾分类规则进行源头分类，垃圾分为可腐烂垃圾与不可腐烂垃圾，不可腐烂垃圾又分为可回收物、有害垃圾与其他垃圾。中

端垃圾分类环节已经由第三方企业来承担，其中可腐烂垃圾由垃圾收集员每天直接集中收集运到村庄附近的堆肥房，经过生物菌种发酵处理，形成可利用的有机肥。有害垃圾由企业定期运输到有害垃圾处理厂进行处理。其他垃圾则实行日产日清的清理模式，在村庄内集中收集，运输到垃圾中转站，再运输到垃圾焚烧厂焚烧或垃圾填埋场进行填埋处理。

陆家村所在的金华市于2014年启动的农村垃圾分类试点用一年的时间，从最初3个乡镇扩展到99个乡镇，实行垃圾分类的村庄遍布各县、市、区共1819个行政村，受益人口上百万，垃圾同比减少近七成。2014年，金华市从本地实际出发，探索出了"两次四分法"的分类方法、"垃圾不落地"的转运方法、阳光堆肥房就地资源化的利用方法以及动员群众、依靠群众的工作方法，形成了财政可承受、农民可接受、面上可推广、长期可持续的农村垃圾分类和资源化利用模式，解决了垃圾减量无害化处理难题，破解了"垃圾围村"的困局，产生了显著的生态、经济和社会效益，走出了一条符合金华实际的农村垃圾污染治理新路子。

传统村落和传统建筑得到有效保护。目前，已有4153个有重要保护价值的村落列入中国传统村落名录，实现村村建立档案、编制保护规划，越来越多的融自然、休闲、文化、旅游、养老于一体的美丽村镇正在建设中。

3. 农村基本公共服务设施显著增加，不断提升农村居民生活质量

随着国家完善农村基本公共服务体系规划和建设，农村基本公共服务水平进一步提高。第三次全国农业普查结果显示，2016年年末，全国有幼儿园、托儿所的村占全部村的比重是32.3%，比十年前提高2.2个百分点；全国有体育健身场所的村占全部村的比重是59.2%，比十年前提高48.5个百分点；全国有农民业余文化组织的

图 9.1 江苏省苏州市吴江区某农户家 20 世纪 80 年代初的房屋与现今房屋对比

村占全部村的比重是 41.3%，比十年前提高 26.2 个百分点。

（四）城乡公共文化事业不断进步，居民公共生活空间不断拓展

改革开放以来，公共财政对文化建设的支持日益加强，公共文化设施不断完善，覆盖城乡的公共文化服务网络初步建立，公共文化服务理念逐步深化，公共文化服务能力和均等化水平逐渐提高，城乡居民公共生活空间显著扩张。

各级政府切实履行在文化领域的公共服务职能，不断加强现代公共文化服务体系建设，关注文化民生，强弱项补短板，努力保障人民群众基本文化权益，初步建立了覆盖城乡的公共文化服务体系。

"三馆一站"公共文化服务设施全部免费开放，基本实现了"县有公共图书馆、文化馆，乡有综合文化站"的建设目标。对"读书看报、收听广播、观看电视、观赏电影、送地方戏、设施开放、文体活动"等七大基本公共文化服务项目，制定指导标准，明确保障底线，基本公共文化服务标准化、均等化建设得到加强。深入实施广播电视村村通、文化信息资源共享、农家书屋等重大文化惠民工

程，公共文化服务能力和普惠水平不断提高，群众性文化活动日益丰富。

基本公共文化设施逐渐完善。2017年，全国共有群众文化机构44521个，比1978年增加37628个，增长5.5倍，1979~2017年年均增长4.9%；博物馆4721个，比1978年增加4372个，增长12.5倍，年均增长6.9%；公共图书馆3166个，比1978年增加1948个，增长1.6倍，年均增长2.5%。

广播电视覆盖面持续扩大。截至2017年年底，全国广播综合人口覆盖率为98.7%，比1985年提高30.4个百分点；全国电视综合人口覆盖率99.1%，比1985年提高30.7个百分点。全国居民家庭彩色电视机拥有量从1990年平均每百户16.2台，到2017年平均每百户122.2台，增长6.5倍，1991~2017年年均增长7.8%。

城镇公园绿地建设发展迅速，城市人均公园绿地面积增加显著，2016年达到13.7平方米，比1990年增长6.6倍。2013~2017年体育领域投资年均增长14.1%，全民健身已蔚然成风。

十

生态文明建设扎实推进

　　生态环境是人类健康生活的重要保障。蓝天白云，青山绿水，清洁的空气、水和土壤，都是人民生活质量的重要组成部分。一个时期内，由于片面追求高速经济增长，我们对生态环境保护有所忽视，造成了比较严重的后果。党和国家对生态环境保护和生态破坏、环境污染问题的治理高度重视，尤其是党的十八大以来，重拳出击，不断加大治理力度，生态文明建设取得积极进展和显著成就。

（一）中国生态文明建设制度和政策发展

　　20世纪70年代，中国的环境保护理念从无到有，环境保护工作开始逐步开展。1972年，联合国人类环境会议通过了《人类环境宣言》。1973年，国务院召开第一次全国环境保护会议，审议并通过了环境保护工作方针和中国第一个环境保护文件——《关于保护和改善环境的若干规定》，成为中国环境保护事业的第一个里程碑。1978年，新中国成立以来第一次在《宪法》中对环境保护做出"国家保护环境和自然资源，防治污染和其他公害"的规定，为中国环境法制建设和环境保护事业的发展提供了法律依据。

1983 年，中国召开第二次全国环境保护会议，正式把环境保护确定为中国的一项基本国策。1984 年印发的《国务院关于环境保护工作的决定》，对有关保护环境、防治污染的一系列重大问题，包括环境保护的资金渠道都做出了比较明确的规定，环境保护开始纳入了国民经济和社会发展计划，成为经济和社会生活的重要组成部分。

"八五"期间发布的《中国环境与发展十大对策》明确指出，走可持续发展道路是当代中国以及未来的必然选择。中国发布的《中国 21 世纪议程——中国 21 世纪人口、环境与发展白皮书》从人口、环境与发展的具体国情出发，提出了中国可持续发展的总体战略、对策以及行动方案；确定了污染治理和生态保护重点，加大了执法力度，积极稳步推行各项环境保护管理制度和措施，环境保护工作取得了较好的效果。

"九五"期间，八届全国人大四次会议审议并通过的《中华人民共和国国民经济和社会发展"九五"计划和 2010 年远景目标纲要》，把实施可持续发展作为现代化建设的一项重大战略，使可持续发展战略在中国经济建设和社会发展过程中得以实施。国务院发布了《关于环境保护若干问题的决定》，实施《"九五"期间全国主要污染物排放总量控制计划》和《中国跨世纪绿色工程规划》，国家确定的"九五"环境保护目标基本实现，环境污染防治取得阶段性进展，中国环境保护事业进入快速发展时期。

"十五"期间，党中央、国务院提出了树立和落实科学发展观，构建和谐社会的重大战略思想，颁布了一系列环境保护法律、自然资源法、环境保护行政法规、环境保护部门规章和规范性文件、地方性环境法规和地方政府规章等。2002 年，中国第一部循环经济法——《中华人民共和国清洁生产促进法》的出台，标志着中国污染治理模式由末端治理开始向全过程控制转变。

"十一五"时期，国家深入贯彻科学发展观，转变经济发展方式，下大力气解决危害人民群众健康和影响经济社会可持续发展的突出环境问题，提出了建设资源节约型、环境友好型社会，大力发展循环经济，加大自然生态和环境保护力度，强化资源管理等政策。围绕实现"十一五"规划纲要确定的主要污染物排放总量控制目标，把防治污染作为重中之重，加快结构调整，加大污染治理力度，建立了节能降耗、污染减排的统计、监测和考核体系和制度，环境保护事业稳步迈进。

"十二五"时期，党中央、国务院把环境保护摆上更加突出的位置，把建设资源节约型、环境友好型社会作为加快转变经济发展方式的重要着力点，将改善环境质量作为落实科学发展观、构建社会主义和谐社会的重要内容。特别是党的十八大以来，以习近平同志为核心的党中央把生态文明建设摆在中国特色社会主义"五位一体"总体布局的战略高度，大力推进生态文明建设，努力建设美丽中国，一系列制度建设有序推进。国家印发了《中共中央 国务院关于加快推进生态文明建设的意见》和《生态文明体制改革总体方案》，颁布实施了《大气污染防治行动计划》和《水污染防治行动计划》，系统地提出了生态文明建设的理念和框架，并确立了一系列基本制度，开启了生态文明建设的新篇章。

"十三五"至今，党中央、国务院统筹推进"五位一体"总体布局和"四个全面"战略布局，提出"创新、协调、绿色、开放、共享"的新发展理念和建设"美丽中国"的宏伟目标。党的十九大立足生态文明建设取得的阶段性成果，着眼长远未来，进一步将"坚持人与自然和谐共生"作为新时代坚持和发展中国特色社会主义的基本方略之一，提出了生态文明建设是中华民族永续发展的千年大计、人与自然是生命共同体等重要论断，做出了加快生态文明体制改革、建设美丽中国的战略部署，明确了推进绿色发展、着力解决突出环境问题、加大生态系统保护力度、改革生态环境监管体制等重点任务。2018年5月，全国生态环境保护大会召开，提出要加大力度推进生态文明建设、解决生态环境问题，坚决打好污染防治攻坚战，推动中国生态文明建设迈上新台阶。国家先后出台了一系列重大决策部署，陆续印发了《"十三五"控制温室气体排放工作方案》《"十三五"生态环境保护规划》《国家综合防灾减灾规划（2016—2020年）》《"十三五"节能减排综合工作方案》等重要文件，颁布实施了《土壤污染防治行动计划》，修订了《中华人民共和国环境保护法》，从健全法律法规、完善标准体系、健全自然资源资产产权制度和用途管制制度、完善生态环境监管制度、严守资源环境生态红线等方面，形成了深化生态文明体制改革的战略部署和制度架构。各地区、各部门深入贯彻落实党中央决策部署，在大气、水、土壤、海洋、饮水安全、减灾防灾、水土保持、防沙治沙等环境保护重点领域全面推进生态文明建设，中国的生态恶化趋势得到遏制，环境改善效果显著。

（二）环境保护投入稳步增加

改革开放以来，特别是从"十五"时期开始，国家积极拓宽环境保护投资渠道，提高资金保障水平，加强环境监管能力建设，全社会环境保护投资得到较快增长。"十一五"期间，国家首次将"211环境保护"科目纳入政府收支分类体系，为政府环境保护投资稳步增长打下基础。"十二五"以来，全国各地把环境容量和资源承载力作为前提条件，认真处理经济发展与创新转型、节约资源与保护环境的关系，发挥环境保护对经济发展的优化和保障作用、对经济转型的先导和倒逼作用，加大环境污染治理投资力度，积极探索环境保护新道路，推动发展进入转型的轨道。

2016年，中国环境污染治理投资总额为9220亿元，比2001年增长6.9倍。其中，城镇环境基础设施建设投资5412亿元，比2001年增长7.3倍；工业污染源治理投资819亿元，增长3.7倍；当年完成环境保护验收项目环境保护投资2989亿元，增长7.9倍。

城镇环境基础设施建设投资中，燃气投资532亿元，比2001年增长5.5倍；集中供热投资663亿元，增长6.3倍；排水投资1486亿元，增长5.1倍；园林绿化投资2171亿元，增长11倍；市容环境卫生投资561亿元，增长8.8倍。

工业污染源治理投资中，治理废水投资108亿元，比2001年增长0.5倍；治理废气投资562亿元，增长7.5倍；治理固体废物投资47亿元，增长1.5倍；治理噪声投资0.6亿元，与2001年基本持平；治理其他投资102亿元，增长5.2倍。

（三）生态保护与生态建设扎实推进

改革开放以来，国家逐步加快造林绿化步伐，加强对自然保护区保护力度，推进水土流失治理，重视建设和保护森林生态系统、保护和恢复湿地生态系统、治理和改善荒漠生态系统，全面加强生态保护和建设，国家生态安全屏障的框架基本形成。2013年，《全国生态保护与建设规划纲要（2013—2020年）》出台，提出到2020年，全国生态环境得到改善，增强国家重点生态功能区生态服务功能，生态系统稳定性加强，构筑"两屏三带一区多点"的国家生态安全屏障。随着生态保护和监管强化，生态安全屏障逐步构建，中国自然生态系统有所改善，自然保护区数量增加，森林覆盖率逐步提高，湿地保护面积增加，水土流失治理、沙化和荒漠化治理取得初步成效。

1. 林业生态建设稳步发展

根据第八次全国森林资源清查（2009—2013年）结果，全国森林面积2.08亿公顷，森林覆盖率21.63%，活立木总蓄积164.33亿立方米，森林蓄积151.37亿立方米。与第一次全国森林资源清查（1973—1976年）相比，森林面积增加0.86亿公顷，森林覆盖率提高8.93个百分点，活立木总蓄积和森林蓄积分别增加69.01亿立方米和64.81亿立方米。2017年，全国完成造林面积736万公顷，比2000年增长44.2%。改革开放四十年来，中国森林资源呈现总量增加、质量提升、结构优化的变化趋势。

2. 荒漠化沙化控制成效显著

第五次全国荒漠化和沙化土地监测结果显示，截至2014年，全国荒漠化土地面积261.16万平方公里，沙化土地面积172.12万平方公里，有明显沙化趋势的土地面积30.03万平方公里，实际有效治理的沙化土地面积20.37万平方公里，占沙化土地面积的11.8%。与2009年完成的第四次全国荒漠化和沙化土地监测结果相比，全国荒漠化土地面积减少1.21万平方公里，沙化土地面积减少0.99万平方公里。与1999年完成的第二次全国荒漠化和沙化土地监测结果相比，全国荒漠化土地面积减少6.24万平方公里，沙化土地面积减少2.19万平方公里。荒漠化和沙化程度逐步减轻，沙区植被状况进一步好转，区域风沙天气明显减少，防沙治沙工作取得了明显成效。

（四）环境污染治理成效显著

21世纪初开始，国家对环境污染防治工作高度重视，大力推行清洁生产，发展循环经济，污染防治和节能减排工作稳步推进。各地严格执行环境影响评价和"三同时"制度，积极开展环境保护专项行动，严厉查处环境违法行为，环境污染防治力度逐步加大。在各地各部门的积极努力下，采取有力措施积极推进大气污染防治、水污染防治工作，取得积极成果，主要污染物减排目标全部实现，地表水质量持续改善。

1. 主要污染物减排落实到位

污染减排是调整经济结构、转变发展方式、改善民生的重要抓手，是改善环境质量、解决区域性环境问题的重要手段。"十一五"规划纲要提出，将化学需氧量和二氧化硫两项主要污染物排放总量削减10%作为"十一五"时期经济社会发展的约束性指标，把环境保护提升到事关国家长远发展和人民切身利益的战略位置。"十一五"时期，各地各部门认真贯彻落实党中央、国务院的决策部署，采取有力措施，加大工作力度，大力推进工程减排、结构减排和管理减排三大措施，将减排指标、减排工程和减排措施分解落实，建立减排管理体系，严格考核问责，加强环评审批，大幅度推进治污工程建设，污染减排工作取得了显著成效，主要污染物排放总量逐步得到控制。2010年，全国二氧化硫排放总量2185万吨，化学需氧量排放总量1238万吨，比2005年分别下降14.3%和12.5%，实现了"十一五"规划纲要确定的约束性目标，扭转了"十五"后期主要污染物排放总量大幅上升的趋势，为推动科学发展，调整经济结构，转变经济发展方式，促进经济又好又快发展提供了有力支撑。

2011年，国务院公布了《国家环境保护"十二五"规划》，规划中提出"十二五"期间国家将对化学需氧量、氨氮、二氧化硫、氮氧化物四种主要污染物实施排放总量控制，减排领域也从工业和生活两个领域扩展为工业、生活、交通、农村四个领域；国务院还印发了《"十二五"节能减排综合性工作方案》，明确了"十二五"污染减排的总体要求、主要目标、重点任务和政策措施，污染物减排工作继续强化。2015年，全国化学需氧量排放量2224万吨，比2012年下降8.3%；氨氮排放量230万吨，下降9.3%；二氧化硫排放量1859万吨，下降12.2%；氮氧化物排放量1851万吨，下降20.8%，四项主要污染物均完成"十二五"排放总量控制目标。

2. 大气污染防治不断强化

针对一些地区出现的大气污染问题，2013年国务院出台的《大气污染防治行动计划》对改善区域大气环境质量提出了明确目标要求。自实施以来，各项相关措施得力，工作有效推进，大气污染治理效果初现，全国环境空气质量形势总体向好。

空气质量达标城市数和优良天数有所增加。2017年，338个地级及以上城市中，空气质量达标的城市占29.3%，未达标的城市占70.7%；平均优良天数比例78.0%。

城市颗粒物浓度和重污染天数逐步下降。2017年，细颗粒物（$PM_{2.5}$）未达标城市（基于2015年$PM_{2.5}$年平均浓度未达标的262个城市）年平均浓度48微克/立方米，比上年下降5.9%。2016年全国338个城市$PM_{2.5}$浓度为47微克/立方米，比上年下降6.0%；PM_{10}浓度为82微克/立方米，下降5.7%；重污染天数比例为2.6%，下降0.6个百分点。第一批实施空气质量新标准的74个城市$PM_{2.5}$浓度为50微克/立方米，比2013年下降30.6%；优良天数比例为74.2%，比2013年提高13.7个百分点；重度及以上污染天数比例为3.0%，比2013年下降5.7个百分点。

重点区域细颗粒物浓度有所改善。2016年，京津冀区域$PM_{2.5}$浓度为71微克/立方米，比2013年下降33.0%；长三角区域$PM_{2.5}$浓度为46微克/立方米，下降31.3%；珠三角区域$PM_{2.5}$浓度为32微克/立方米，下降31.9%。

3. 水污染防治稳步推进

针对中国一些地区水环境质量差、水生态受损重、环境隐患多等问题，国务院 2012 年出台了《水污染防治行动计划》，切实加大水污染防治力度，保障国家水安全。要求强化源头控制，水陆统筹、河海兼顾，对江河湖海实施分流域、分区域、分阶段科学治理，系统推进水污染防治、水生态保护和水资源管理。在重点流域方面，2012 年出台的《重点流域水污染防治规划（2011—2015 年）》提出，到 2015 年，重点流域总体水质由中度污染改善到轻度污染，Ⅰ-Ⅲ类水质断面比例提高 5 个百分点，劣Ⅴ类水质断面比例下降 8 个百分点。

地表水水质总体情况得到改善。Ⅰ类、Ⅱ类水占比大幅提高，Ⅴ类、劣Ⅴ类水占比逐步下降。2016 年，全国 23.5 万千米的河流水质状况评价结果显示，全年Ⅰ类水河长占评价河长的 6.5%，Ⅱ类水河长占 48.3%，Ⅲ类水河长占 22.1%，Ⅳ类水河长占 9.6%，Ⅴ类水河长占 3.7%，劣Ⅴ类水河长占 9.8%。2000 年，全国 11.4 万千米的河流水质状况评价结果显示，全年Ⅰ类水河长占评价河长的 4.9%，Ⅱ类水河长占 24.0%，Ⅲ类水河长占 29.8%，Ⅳ类水河长占 16.1%，Ⅴ类水河长占 8.1%，劣Ⅴ类水河长占 17.1%。

湖泊水质状况稳中向好。2016 年，全国 118 个主要湖泊共 3.1 万平方公里水面水质评价结果显示，全年总体水质为Ⅰ~Ⅲ类的湖泊有 28 个，Ⅳ~Ⅴ类湖泊 69 个，劣Ⅴ类湖泊 21 个，分别占评价湖泊总数的 23.7%、58.5% 和 17.8%。2000 年，全国重点评价湖泊 24 个，水质达到Ⅲ类以上的湖泊有 9 个，4 个湖泊部分水体受到污染，11 个湖泊水污染严重，分别占评价湖泊总数的 37.5%、16.7% 和 45.8%。

结　语

改革开放以来，中国民生事业发展取得的成就是有目共睹的。同时，在民生和民生相关领域的发展过程中，也还存在一些难题和挑战。

劳动就业的结构性问题仍然较大，招工难与就业难的问题持续存在，劳动力整体素质和技能水平跟不上经济结构调整和产业升级的需要的变化。科技进步和资本有机构成扩大带来日渐明显的劳动替代后果，电商等新业态的发展同时也意味着一些传统业态被替代，但新业态从业人员的增加看起来并不一定能弥补旧业态从业人员的减少。大学生就业问题始终备受关注。农民工的多种就业形式受城市治理的影响，从城乡人口结构调整需要来看农业劳动力还需要进一步转移，但农业自身的产业形态转变跟不上这种需求，存在短期内难以克服的矛盾。劳动培训体系很不完善，国家对劳动就业培训的支出不足。和谐劳动关系建设还在路上，工人抗争出现新的情况。

收入分配差距大的问题仍然比较严重，全国居民收入基尼系数一直在高位波动，2009~2015年出现逐年微幅下降的趋势，但2016年以后又出现小幅反弹。宏观收入分配结构仍然不够合理，农业就业份额仍然是农业产值份额的三倍左右，影响着城乡居民收入差距的缩小。

不同单位职工平均工资水平的相对地位的变动趋势不令人乐观，就业规模最大的私营部门的相对地位显著下降，与其他所有制单位（如外商投资企业）的差距明显呈扩大趋势。分行业看，近十多年来，部分基础行业部门职工工资收入的相对地位出现下降，与职工工资水平较高行业的差距有待进一步缩小。在绝对贫困问题得到解决之后，需要注意解决好相对贫困的问题。城乡居民尤其是农村居民的消费质量和水平还有较大上升空间。中等收入群体的消费上行与下行趋势并存。供给侧的结构性改革还有待深入，新生代的消费仍然更多地青睐外国品牌产品。

义务教育阶段的教育质量提升和更加公平的问题仍然需要给予高度重视，高等教育如何进一步提高质量、促进公平和更好地与经济社会发展的需要相适应的问题亟待解决。学前教育发展不充分不平衡的问题比较突出，教育机构和从教人员的行业和职业规范问题也值得关注。

医疗卫生供给的数量、质量和价格问题仍然是广大人民群众高度关注的问题，医疗卫生资源配置的平衡性和合理性还有待提高，看病难、看病贵的问题尚未得到根本性解决。医疗卫生体制改革进入深水区，效果尚不显著。公立医院改革逡巡不前，基层医疗卫生设施供给的质量不高、社会信誉不足。

社会保障体系需要进一步提高统筹层次，解决好所谓的碎片化问题，社会保障和社会救助体系在扩大覆盖面、提高保障和救助水平的同时要注意防止福利依赖问题的发生。随着人口老龄化的发展，城乡社会养老问题变得日益严峻。家庭养老的难题日益凸显，公立养老服务难以扩大，社会养老服务供给不足，社区养老体系不完善。

改革开放四十年的伟大历程，在民生领域累积了大量成功的经验。加强和完善中国共产党的领导，与时俱进创新发展理念和发展战略，深入贯彻落实以人民为中心的发展思路，推进和深化社会领域改革开放，加大各项社会发展和民生事业投入力度，不断促进社会公平正义，实现广大人民群众共享国民经济发展成果，既是过去四十年中国发展和改善民生的成功经验，也是今后进一步发展和改善民生的必由之路。我们相信，在党中央的坚强领导下，在各级党委政府和全国各组人民的共同努力下，贯彻落实习近平总书记提出的新发展理念，科学推进"五位一体"总体布局的发展战略，中国的民生事业发展在未来一定能够取得更大成就。

致 谢

2018年10月，在中国社会科学院领导的指导和有关部门的支持下，由社会学研究所牵头成立了"中国改革开放四十年民生发展"研究课题组（以下简称"课题组"），对改革开放四十年来中国民生事业的发展进行系统梳理和总结，力图充分展示四十年来中国民生改善和社会事业发展所取得的伟大成就。经过两个月的努力，陈光金研究员执笔完成了报告撰写工作，刘保中、蒋培、刁鹏飞、谢永波、王静怡整理了专栏和图片。其间，中共中央宣传部理论局、中国社会科学院科研局牵头组织两次报告评审会议，先后邀请了《求是》杂志社前社长李捷研究员、中国人民大学社会与人口学院院长冯仕政教授、国家发改委社会发展研究所所长杨宜勇研究员、中国社会科学院财经战略研究院副院长夏杰长研究员、光明日报社理论部主任薄洁萍同志、经济日报社评论理论部主任齐东向同志、人民日报社经济社会部杜海涛同志等多位专家学者对报告进行讨论，他们提出了许多建设性的意见和建议。借此机会，课题组对他们致以衷心的感谢！中国社会科学院科研局和智库办公室等部门提供了大量支持和帮助，在此向他们表示诚挚的谢意！此报告引用的数据绝大多数来自国家统计年鉴，得到国家发改委和国家统计局有关部门协助，确保了数据的及时性、权威性和完备性。在此，也谨向他们一并致以谢忱！本书出版受到"2018年马克思主义理论研究和建设工程重大项目（批准号：2018MZD040）"的资助，特此致谢。

图书在版编目(CIP)数据

改革开放与中国民生发展：1978~2018 / 陈光金等著．--北京：社会科学文献出版社，2018.12
 ISBN 978-7-5201-4059-1

Ⅰ.①改… Ⅱ.①陈… Ⅲ.①改革开放-成就-中国 Ⅳ.①D619

中国版本图书馆CIP数据核字（2018）第286478号

改革开放与中国民生发展（1978~2018）

著　　者 / 陈光金　等

出 版 人 / 谢寿光
项目统筹 / 谢蕊芬
责任编辑 / 张小菲

出　　版 / 社会科学文献出版社·群学出版分社（010）59366453
　　　　　地址：北京市北三环中路甲29号院华龙大厦　邮编：100029
　　　　　网址：www.ssap.com.cn
发　　行 / 市场营销中心（010）59367081　59367083
印　　装 / 三河市东方印刷有限公司
规　　格 / 开　本：787mm×1092mm　1/16
　　　　　印　张：6.75　字　数：85千字
版　　次 / 2018年12月第1版　2018年12月第1次印刷
书　　号 / ISBN 978-7-5201-4059-1
定　　价 / 59.00元

本书如有印装质量问题，请与读者服务中心（010-59367028）联系

版权所有　翻印必究